U0919327

中国电子信息产业统计年鉴
（电子篇）

2019

工业和信息化部运行监测协调局

電子工業出版社
Publishing House of Electronics Industry
北京・BEIJING

图书在版编目（CIP）数据

中国电子信息产业统计年鉴．电子篇．2019 / 工业和信息化部运行监测协调局编．—北京：电子工业出版社，2020.12

ISBN 978-7-121-40853-3

Ⅰ．①中…　Ⅱ．①工…　Ⅲ．①电子信息产业－统计资料－中国－2019－年鉴　Ⅳ．①F49-66

中国版本图书馆 CIP 数据核字（2021）第 053949 号

责任编辑：徐蕾薇　　文字编辑：赵　娜
印　　刷：天津画中画印刷有限公司
装　　订：天津画中画印刷有限公司
出版发行：电子工业出版社
　　　　　北京市海淀区万寿路 173 信箱　　邮编：100036
开　　本：787×1 092　1/16　印张：11.25　字数：295 千字　彩插：2
版　　次：2020 年 12 月第 1 版
印　　次：2020 年 12 月第 1 次印刷
定　　价：368.00 元

ISBN 978-7-121-40853-3
9 787121 408533

凡所购买电子工业出版社图书有缺损问题，请向购买书店调换。若书店售缺，请与本社发行部联系，联系及邮购电话：（010）88254888，88258888。

质量投诉请发邮件至 zlts@phei.com.cn，盗版侵权举报请发邮件至 dbqq@phei.com.cn。

本书咨询联系方式：xuqw@phei.com.cn。

编辑委员会

编 辑 说 明

（1）《中国电子信息产业统计年鉴（电子篇）2019》（以下简称《年鉴》）是全面记载2019年度中国电子信息制造业经济运行的综合性统计资料，通过对中国电子信息制造业各地区、各行业、各产品门类发展数据的统计和分析论述，系统反映了中国电子信息制造业在2019年取得的成果、存在的问题和发展的趋势。

（2）《年鉴》共分综合、数据2个部分。

（3）综合部分的主要内容：一是2020年电子信息制造业运行情况；二是2020年中国电子信息制造业综合发展指数报告；三是2019年中国电子信息制造业重点领域发展情况；四是2019年全国主要省（直辖市、自治区）电子信息制造业发展情况。

（4）《年鉴》统计范围：①工业和信息化部2019年电子信息制造业统计年报：在我国境内注册（不包括中国港、澳、台地区）的年主营业务收入1000万元以上，从事电子信息产品生产及研发的企事业独立法人单位；②国家统计局规模以上工业：主营业务收入2000万元及以上的工业法人单位。

（5）《年鉴》数据来源：①电子信息制造业的主要经济指标、主要产品分省市产量数据根据国家统计局工业数据整理；②主要电子信息产品产销存数据来自《工业和信息化部2019年电子信息制造业统计年报》；③电子海关进出口数据来自海关总署。

（6）《年鉴》中涉及的部分行业内企业名称，采用企业简称。

（7）《年鉴》由工业和信息化部运行监测协调局组织编写，并得到部内有关司局，各省（直辖市、自治区）工业和信息化主管部门，部直属单位，相关协会、企业及专家的大力支持，在此谨表感谢。

目　　录

I　综　　合

II　数　　据

I 综　　合

2019年规模以上电子信息制造业主要指标完成情况

指标	单位	2019年	2018年	增速（%）
营业收入	亿元	134020	127817	4.9
利润总额	亿元	6169	5907	4.4
固定资产投资	亿元	17052	15125	12.7
进出口总额	亿美元	13719	14235	−3.6
其中：进口	亿美元	5885	6220	−5.4
出口	亿美元	7834	8015	−2

2019年规模以上电子信息制造业统计图表

电子信息制造业增加值增速情况

单位：%

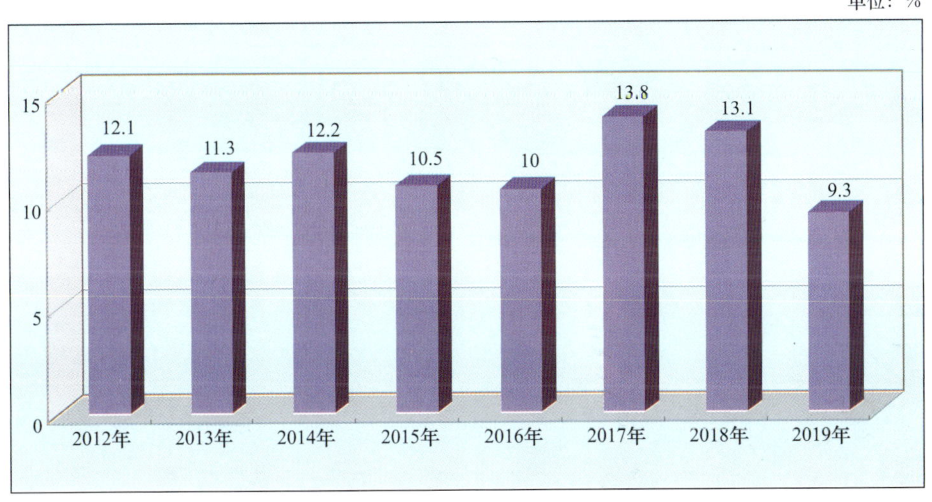

电子信息制造业利润完成情况

单位：亿元

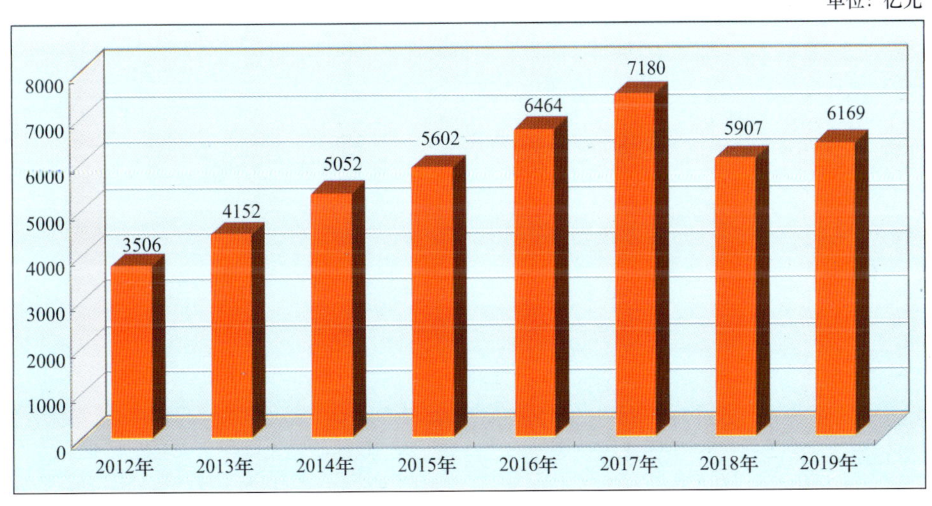

电子信息制造业分行业出口情况

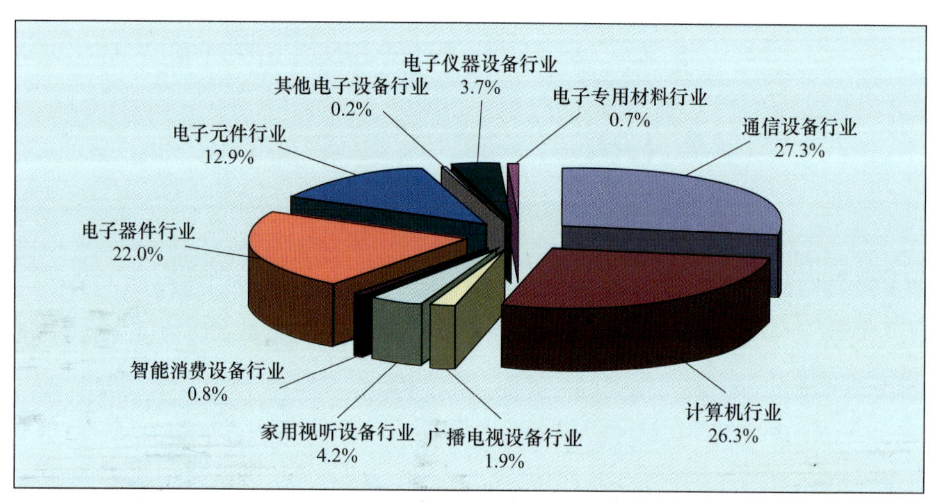

电子信息制造业各经济类型营业收入占全行业比重

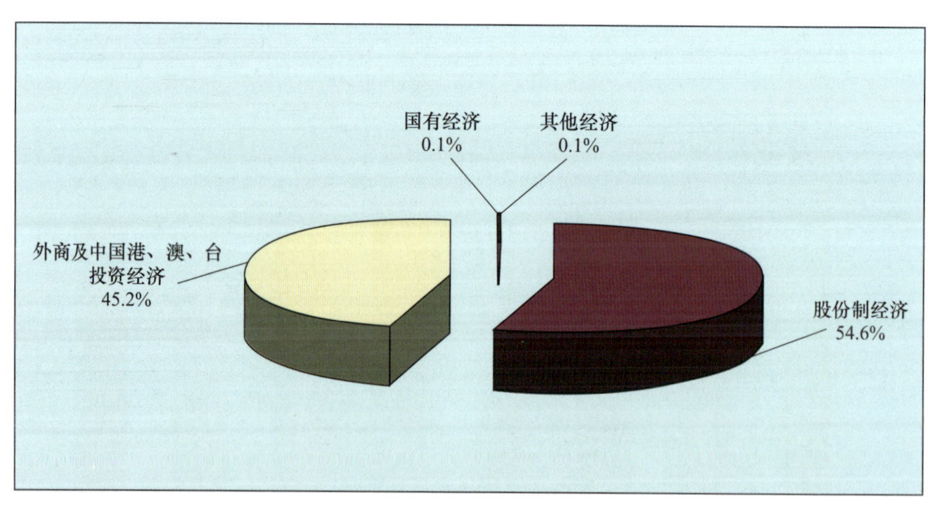

电子信息制造业各地区营业收入分布情况

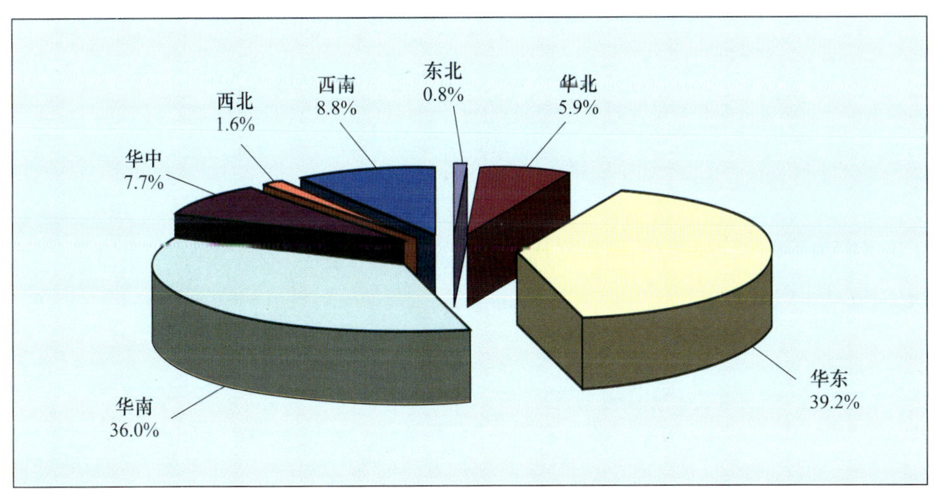

电子信息制造业营业收入前十名省市

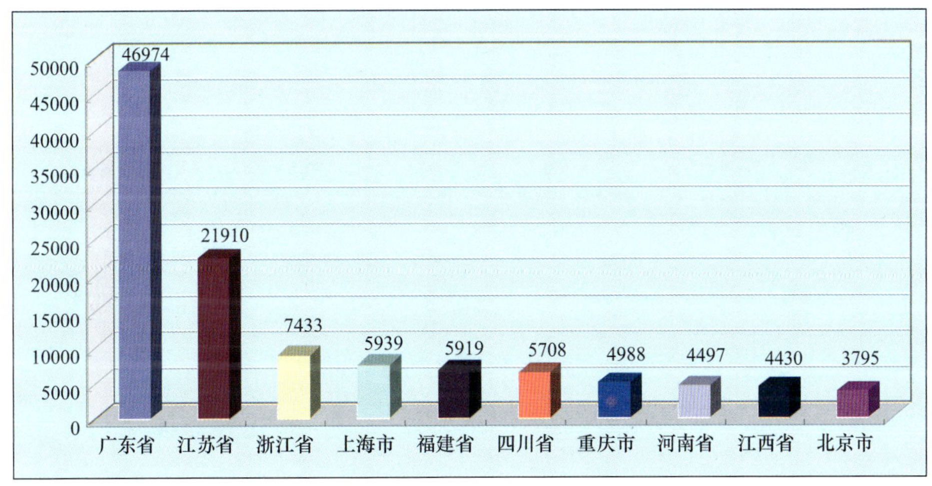

电子信息制造业各行业实现营业收入情况

单位：亿元

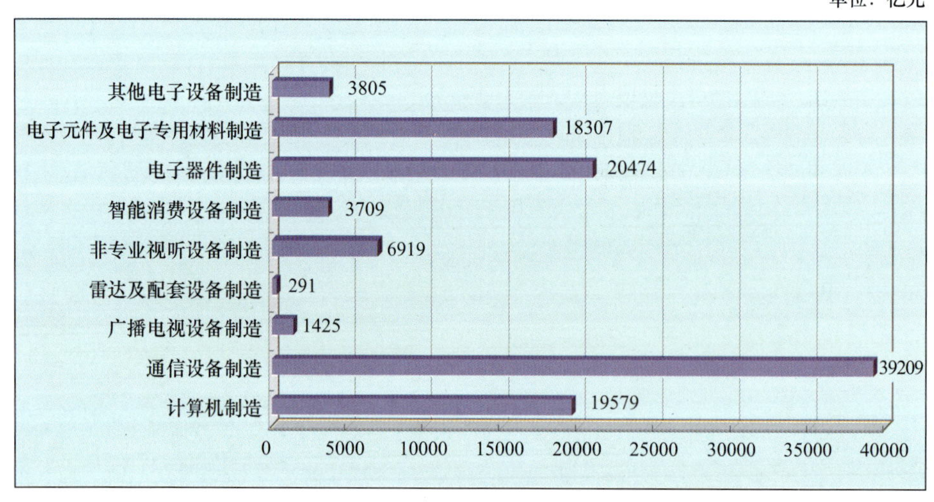

电子信息制造业各经济类型实现营业收入情况

单位：亿元

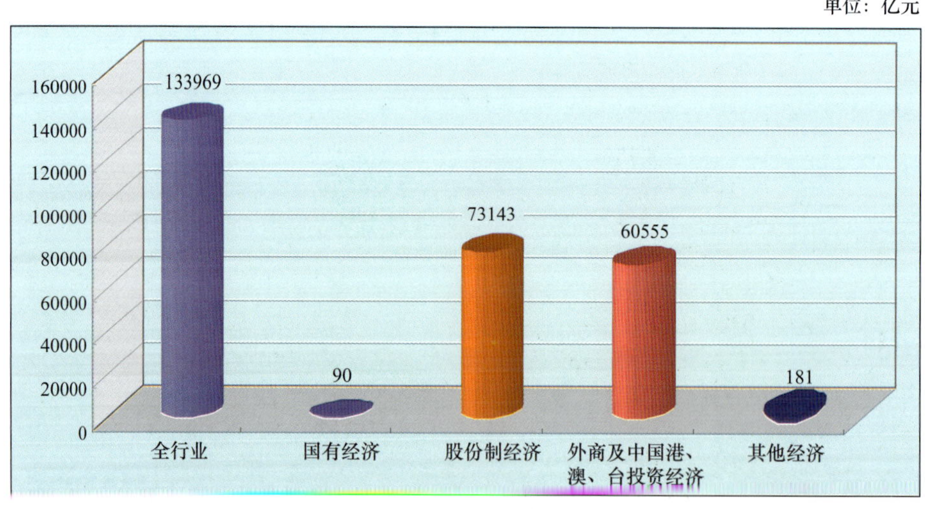

2020 年电子信息制造业运行情况

一、总体情况

2020 年，规模以上电子信息制造业增加值同比增长 7.7%，增速比上年回落 1.6 个百分点。12 月，规模以上电子信息制造业增加值同比增长 11.4%，增速比上年回落 0.2 个百分点。

2020 年，规模以上电子信息制造业出口交货值同比增长 6.4%，增速比上年加快 4.7 个百分点。12 月，规模以上电子信息制造业出口交货值同比增长 17.3%，增速比上年加快 15.4 个百分点（见图 1）。

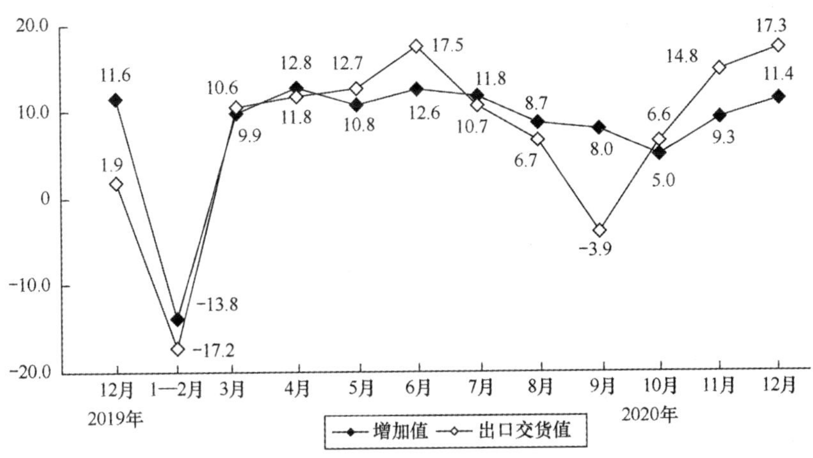

图 1　2019 年 12 月以来电子信息制造业增加值和出口交货值分月增速（%）

2020 年，规模以上电子信息制造业实现营业收入同比增长 8.3%，增速同比提高 3.8 个百分点；利润总额同比增长 17.2%，增速同比提高 14.1 个百分点（见图 2）。营业收入利润率为 4.89%，营业成本同比增长 8.1%。12 月末，全行业应收票据及应收账款同比增长 11.8%。

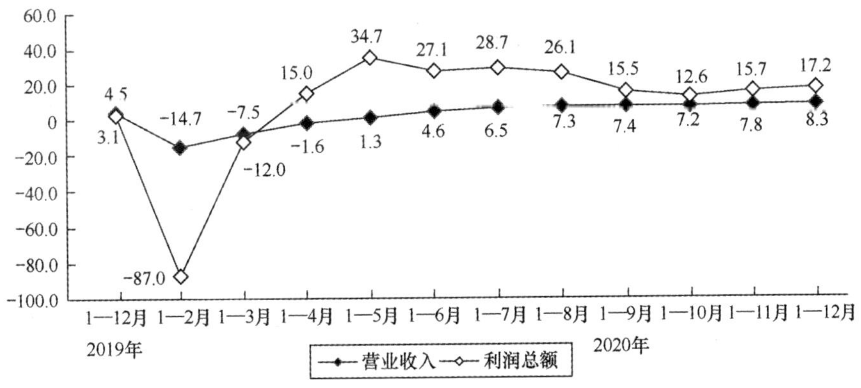

图 2　2019 年 1—12 月以来电子信息制造业营业收入、利润增速变动情况（%）

2020 年，电子信息制造业生产者出厂价格同比下降 1.5%。12 月，电子信息制造业生产者出厂价格同比下降2.0%，降幅比上月扩大0.1个百分点（见图3）。

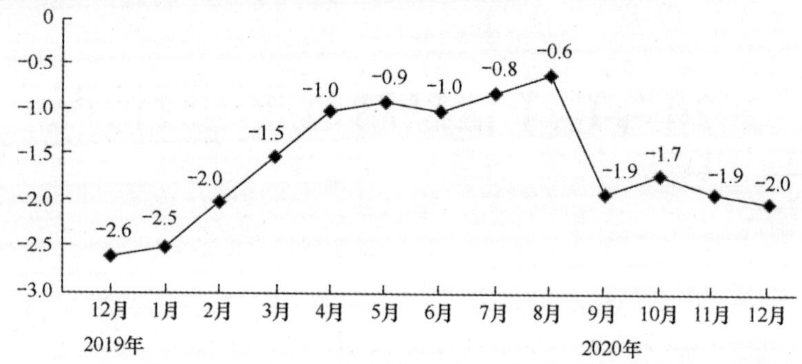

图3　2019年12月以来电子信息制造业生产者出厂价格分月增速（%）

2020年，电子信息制造业固定资产投资同比增长12.5%，增速同比降低4.3个百分点，比上半年加快3.1个百分点（见图4）。

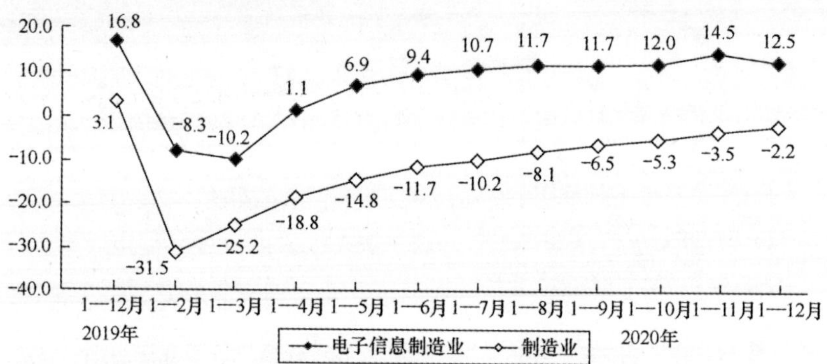

图4　2019年12月以来电子信息制造业固定资产投资增速变动情况（%）

二、主要分行业情况

（一）通信设备制造业

12月，通信设备制造业出口交货值同比增长13.7%（见图5）。主要产品中，手机产量同比下降2.6%，其中智能手机产量同比增长6.2%。

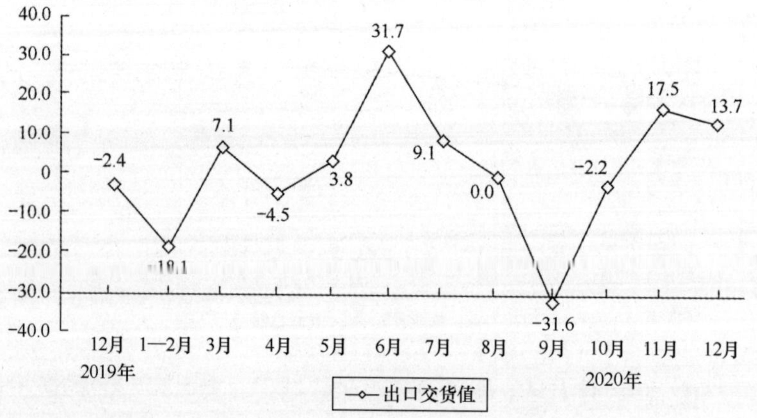

图5　2019年12月以来通信设备制造业出口交货值分月增速（%）

2020 年，通信设备制造业营业收入同比增长 4.7%，利润同比增长 1.0%。

（二）电子元件及电子专用材料制造业

12 月，电子元件及电子专用材料制造业出口交货值同比增长 22.8%（见图 6）。主要产品中，电子元件产量同比增长 37.1%。

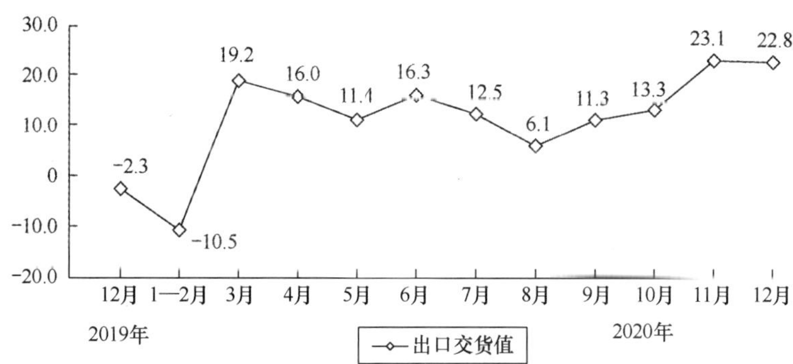

图 6　2019 年 12 月以来电子元件及电子专用材料制造业出口交货值分月增速（%）

2020 年，电子元件及电子专用材料制造业营业收入同比增长 11.3%，利润同比增长 5.9%。

（三）电子器件制造业

12 月，电子器件制造业出口交货值同比增长 14.1%（见图 7）。主要产品中，集成电路产量同比增长 20.8%。

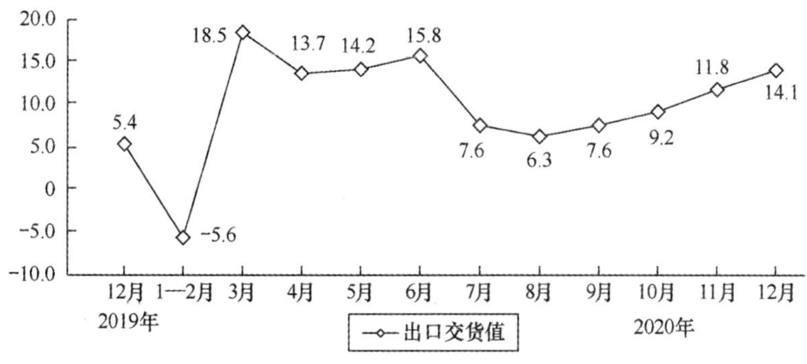

图 7　2019 年 12 月以来电子器件制造业出口交货值分月增速（%）

2020 年，电子器件制造业营业收入同比增长 8.9%，利润同比增长 63.5%。

（四）计算机制造业

12 月，计算机制造业出口交货值同比增长 18.1%（见图 8）。主要产品中，微型计算机设备产量同比增长 42.3%；其中，笔记本电脑产量同比增长 68.6%。

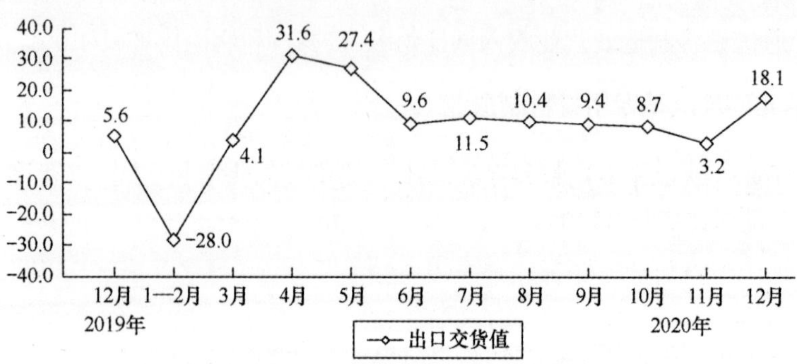

图 8　2019 年 12 月以来计算机制造业出口交货值分月增速（%）

2020 年，计算机制造业营业收入同比增长 10.1%，利润同比增长 22.0%。

（文中统计数据除注明外，其余均为国家统计局数据或据此测算）

2020 年中国电子信息制造业综合发展指数报告

在国际环境压力不断加大、行业转型主动性不断增强的关键阶段，我国电子信息制造业呈现产业韧性强、创新推进快、转型升级稳的特点，中国电子信息制造业综合发展指数（以下简称综合发展指数）中的产业创新指标连续第二年成为对指数增长贡献最大的指标。

一、全国综合发展指数表现

2019 年全国综合发展指数为 123.06，比上年上升 3.94，与 2014 年基期（100）相比，近五年指数实现连续平稳增长，平均上升幅度为 4.99（见图 1）。

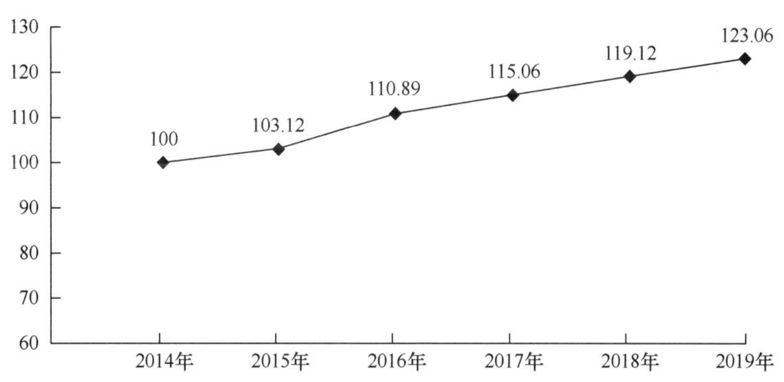

图 1　全国电子信息制造业综合发展指数值

从一级指标看，所有指标正增长，其中产业创新和产业发展规模两个指标贡献突出，分别比上年上升 6.28 和 6.99，对总指数分值上升的贡献率分别达到 48%和 35%；产业效益一级指标提升 1.82，其中产业效率指标提升 10.49，但是产业利润率指标下降 3.91 和产业亏损面扩大 1 个百分点，导致产业效益指标提升幅度小；产业转型升级一级指标提升 0.83（见图 2 和表 1）。

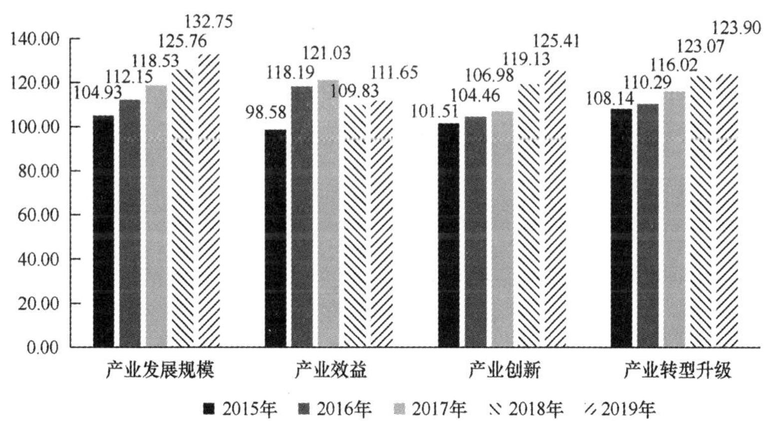

图 2　综合发展指数一级指标指数值

表 1　综合发展指数一级指标贡献率

一级指标	2018 年		2019 年	
	分值变化	总分贡献率	分值变化	总分贡献率
产业发展规模	7.23	36%	6.99	35%
产业效益	−11.2	−69%	1.82	12%
产业创新	12.15	90%	6.28	48%
产业转型升级	7.05	43%	0.83	5%

从 13 个二级指标看，在复杂的国际环境和新冠肺炎疫情双重叠加影响下，综合发展指数仍有 7 个指标保持了正增长，电子信息制造业在工业中的收入占比和投资贡献持续加大，人均主营业务收入、产业创新成果数量提升明显，附加值较高的集成电路等器件产业收入占比持续增长。但有 6 个指标受成本上升等影响出现下降，分别是产业出口金额占全国比、主营业务利润率、产业亏损面、研发经费占比、技改投资占固定资产投资比、新产品收入占主营业务收入比。

电子信息制造业综合发展指数的走势表明，我国电子信息制造业经受住了考验，整体产业仍然呈现良好的发展态势，但是产业效益提升速度慢和产业升级提升幅度小已影响到企业研发投入、技改投资和新产品产出率，需要引起关注。

从全国综合发展指数看，我国电子信息制造业发展呈现以下特点。

（一）规模较快增长，经济贡献不断提升

2019 年，产业发展规模一级指标值为 132.75，在 4 个一级指标中得分保持最高。其中，固定资产投资占制造业比增幅突出，比上年提升 20.04，对一级指标上升的贡献率达 96%；主营业务收入占工业比提升 3.37，对一级指标上升的贡献率达 16%（见图 3）。电子信息制造业在工业经济中的地位和贡献进一步提升。

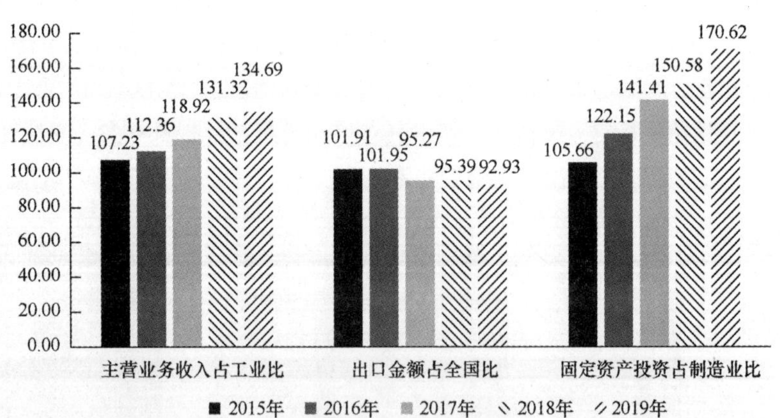

图 3　产业发展规模二级指标指数值

1. 收入规模保持较快增长，在工业中的占比稳步提升

2019 年，电子信息制造业主营业务收入占工业比指标得分 134.69，连续五年稳步上升。在复杂的国际环境下，我国电子信息制造业产业和市场规模大的优势凸显产业韧性强的特点。产业链配套完整、制造业资源要素优势和庞大的消费市场规模，使我国成为手机、计算机和

通信网络设备等整机设备的全球制造基地，促使我国在产业结构优化调整的阶段仍能保持电子信息制造业较快增长。2019 年，电子信息制造业增加值增速仍高出工业 3.6 个百分点，主营业务收入占工业比超过 12%，较上年提升 0.3 个百分点。以半导体领域为例，根据全球半导体协会 SIA 的数据，2019 年全球半导体营收下降 12%，我国是全球五大区域中唯一正增长的市场，我国半导体市场营收占据全球的 1/3，相当于美国、欧盟及日本的总和。

2. 行业固定资产投资快速增长，投资聚焦产业链上游

2019 年，电子信息制造业固定资产投资占制造业比指标得分 170.62，相比上年增长 20.04。2019 年，电子信息制造业固定资产投资增长 16.8%，快于整体制造业投资增速 13.7 个百分点，在制造业固定资产投资中的占比提升 1.45 个百分点。我国在集成电路、新型显示等高端元器件领域的投资不断加大，推动产业链向高价值环节升级；电子器件制造、电子元件及电子专用材料制造、通信设备制造三个细分领域仍然维持行业投资规模前三名。2019 年，电子元件及电子专用材料制造、智能消费设备制造两大领域成为固定资产投资增速最快的细分领域，增速均超过 40%（见图 4）；受集成电路等电子器件投资规模基数扩大的影响，投资增速有所回落。

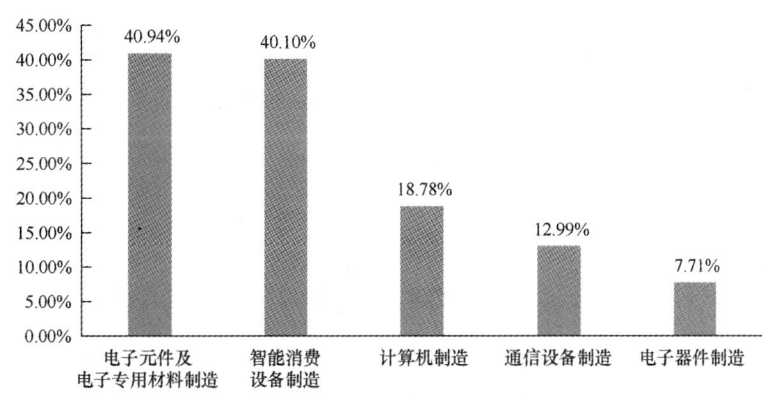

图 4　2019 年细分领域固定资产投资增速

3. 企业 2018 年"抢出口"后效显现，出口额小幅下降

2019 年，电子信息制造业出口金额占全国比指标得分 92.93，比 2018 年下降 2.46。2019 年，全球智能手机、个人计算机和通信设备等整机企业开始采取"中国+*N*"的多制造基地备份策略，叠加我国部分企业 2018 年"抢出口"的消化周期，我国电子信息制造业出口金额下降 2%，为 7830 亿美元。其中，电子专用材料、智能消费设备、家用视听设备、通信设备、计算机和广播电视设备行业出口均出现不同程度的下降，电子元器件行业出口保持稳定增长（见图 5）。

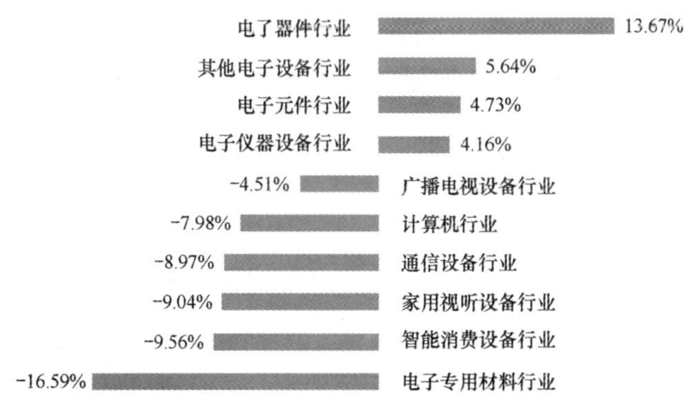

图 5　2019 年分行业出口增速

（二）创新成果领先，产业未来动力强劲

2019 年，产业创新一级指标值为 125.41，比上年上升 6.28，在 4 个一级指标中得分排名上升至第二位。其中，发明专利申请数占比指标增幅最大，提升 17.28，对一级指标增长的贡献率达到 103%；研发人员占比指标提升 1.29；行业盈利水平下降对企业研发经费占比产生不利影响，2019 年研发经费占比指标下降 1.74，对一级指标增长的贡献率为–11%（见图 6）。

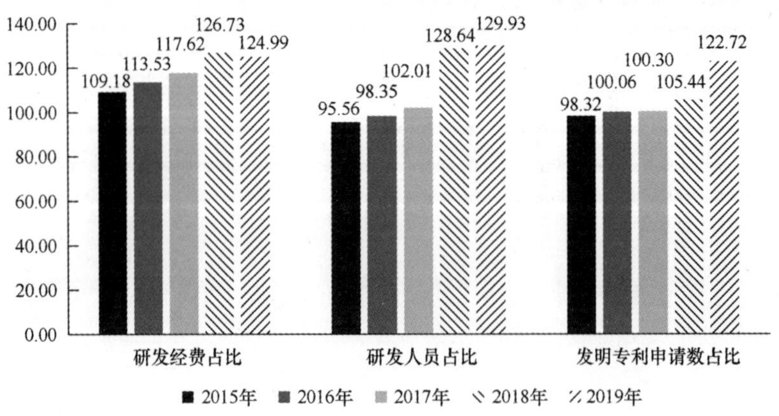

图 6　产业创新二级指标指数值

1．创新成果丰硕，发明专利授权量在各行业中占据领先地位

2019 年，电子信息制造业发明专利申请数占比指标得分 122.72，比 2018 年提升 17.28。电子信息制造业一直以来是创新最活跃的领域，2019 年发明专利申请数量超过 12 万件，比 2018 年增长 44.8%，占全国发明专利申请数的 30.2%（见图 7），是国民经济各行业中占比最高的行业，比排名第二的电气机械和器材制造业发明专利占比高 17 个百分点。从发明专利授权量看，2019 年我国发明专利授权量排名前 5 位的国内企业中，有 3 家电子信息制造业企业，华为、欧珀移动、京东方分列第一、第三和第四位。

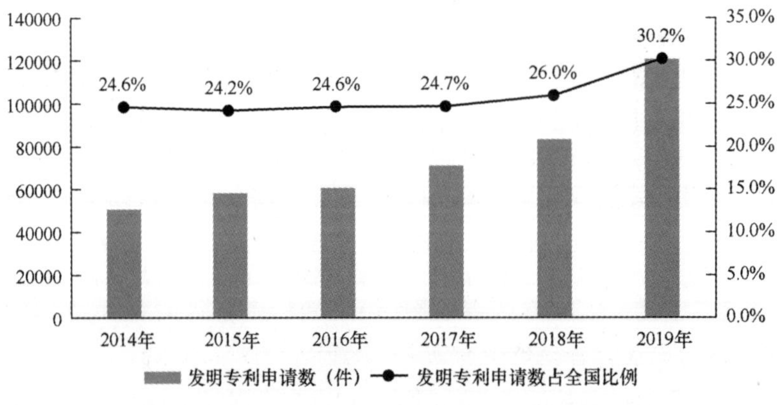

图 7　电子信息制造业发明专利申请数占全国比重

2．产业研发经费投入强度不断加大，创新投入向头部企业聚集态势明显

2019 年，电子信息制造业研发经费占比和研发人员占比指标得分分别为 124.99 和 129.93。电子信息制造业作为技术创新驱动型产业，研发经费一直保持较快增长，2019 年全行业研发经费同比增长 7.5%。整个行业呈现创新投入向头部企业聚集的态势，上市企业是电子信息制造

业研发投入和科技创新的骨干力量。2019 年，集成电路、电子零部件、半导体材料等领域上市企业研发投入强度稳定上升，研发支出增速均超过 20%。从细分领域看，半导体材料和集成电路领域类上市企业研发投入强度最高，两年均超过 10%（见图 8）。随着研发投入的增加，企业研发人员数量也呈现持续增加的态势，2019 年行业研发人员全时当量为 54.38 万人 •年，研发人员占行业从业人员比例指标提升 1.3。

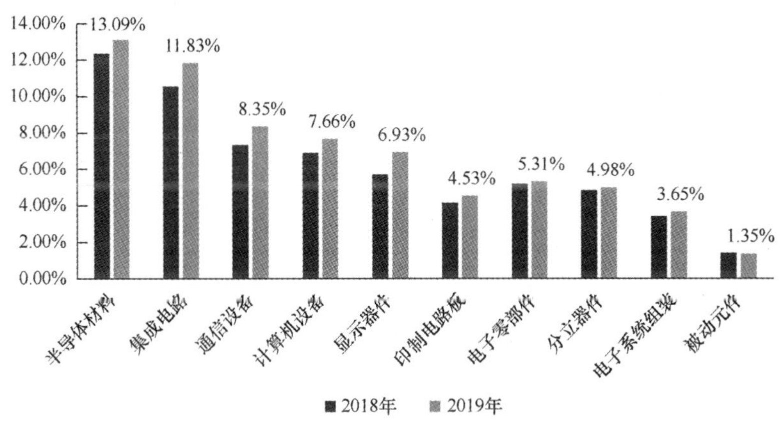

图 8　2018—2019 年电子信息制造业上市企业研发投入强度

资料来源：Wind。

（三）转型步伐稳健，产业链向高端化转变

2019 年，产业转型升级一级指标值为 123.90，比上年上升 0.83。其中，贸易质量（一般贸易出口比重）和电子器件收入占比两个指标增长最明显，分别增长 10.05 和 2.26（见图 9）。

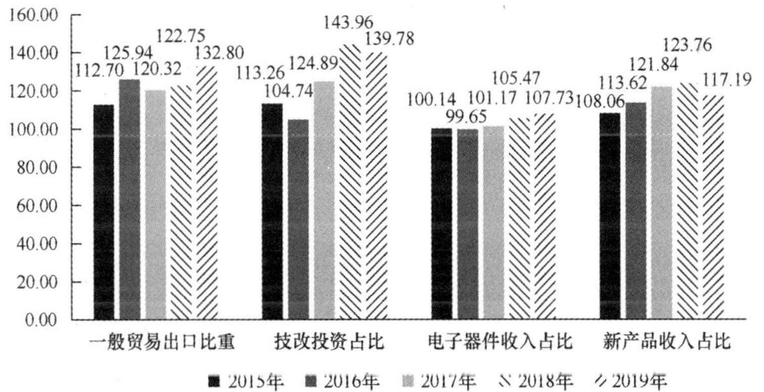

图 9　产业转型升级二级指标指数值

1. 电子器件行业收入占比持续提升，产业向高附加值环节快速升级

近几年，我国电子信息制造业从功能件、结构件等低附加值环节，持续向集成电路、显示器件等附加值较高环节升级。2019 年，以集成电路、显示器件为主的电子器件行业收入占全行业收入的比重提高到 15.27%，比 2018 年提升 0.32 个百分点，电子器件收入占比指标得分 107.73，比 2018 年提升 2.26。在全球经贸复杂环境的影响下，资本力量向产业高附加值环节倾斜，加快了产业向高附加值环节的升级速度。2019 年，集成电路领域投融资活跃，在“大基金”的带动下全国多个省市成立集成电路产业发展基金，为集成电路行业的发展注入了资

本力量。2019 年 7 月开市的科创板，为成长到一定规模的科技创新企业提供了新型融资渠道，2019 年科创板上市企业中电子信息制造业占比超过 20%（见图 10），多样化的融资渠道进一步加快了我国电子信息制造业的升级步伐，使我国在人力成本要素上升的情况下，能够逐步建立高端产业国际化竞争优势。

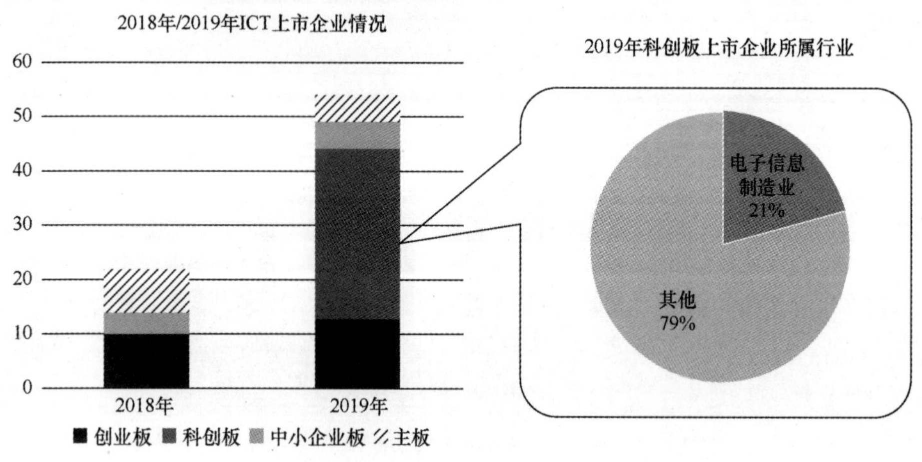

图 10　2019 年科创板上市企业中电子信息制造业占比

2. 复杂的国际环境倒逼我国贸易质量升级，一般贸易出口比重快速提升

2019 年，一般贸易出口比重指标得分 132.80，比上年上升 10.05，增幅相比 2018 年增加 7.62，与此同时进料加工和来料加工占出口比重迅速下降。以手持或车载无线电话机为例，一般贸易出口比重从 2018 年的 29.4%提升到 34.5%，进料加工贸易出口比重从 2018 年的 69.4%下降到 64.3%。全球贸易的多元化布局，加速我国退出附加值较低的普通产品代工市场，转向附加值更高的一般贸易出口。近三年我国电子信息制造业一般贸易占出口比重如图 11 所示。

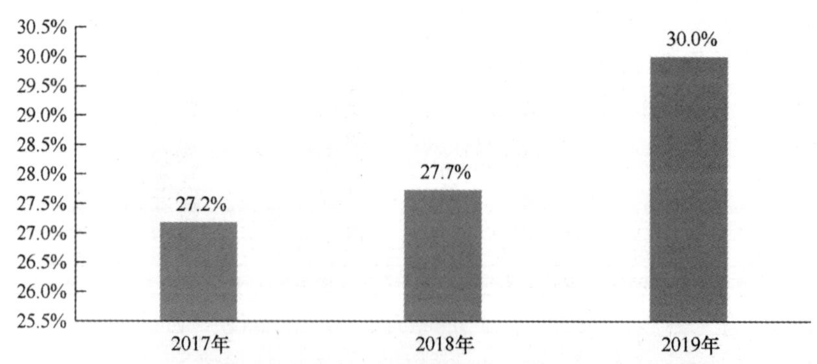

图 11　近三年我国电子信息制造业一般贸易占出口比重

3. 新建投资大幅增长，技改投资占比相对下降

我国对集成电路等产业链相对薄弱的高价值领域投入加大，带动电子信息制造业新建投资迅猛增长，2019 年电子信息制造业新建投资增长 20.4%，远高于整体制造业新建投资 5%的增幅。受新建投资大幅增长影响，2019 年电子信息制造业改建和技改投资虽然保持了 13.4%的较快增速，但在全行业固定投资中占比为 18.08%，比 2018 年下降 0.54 个百分点，该指标得分为 139.78，同比下降 4.18。

4．企业聚焦高价值和智能化产品开发，但新兴领域动能不足和新产品市场普及缓慢带来新产品收入占比小幅下降

企业工艺创新和智能产品研发力度持续加大，2019 年电子信息制造业实现工艺创新的企业比例达 55.5%，比 2018 年提升近 4 个百分点（见图 12），企业占比在所有行业中名列第二，仅次于仪器仪表行业。企业聚焦 5G、TWS（真无线立体声）耳机、VR 头戴式显示设备等新兴产品的开发，2019 年国内市场上市 5G 手机 35 款，国内 TWS 耳机创新能力不断提升，主动降噪、快速充电等技术快速普及。但在产业升级切换期内新兴产品尚未得到市场普及，新兴领域发展动力稍显不足，2019 年，5G 手机出货量仅占国内手机出货量的 3.5%，VR 头戴式显示设备出货量远未形成规模。2019 年，电子信息制造业新产品收入增速相比 2018 年回落至 3.2%，指标分值为 117.19，同比下降 6.57。

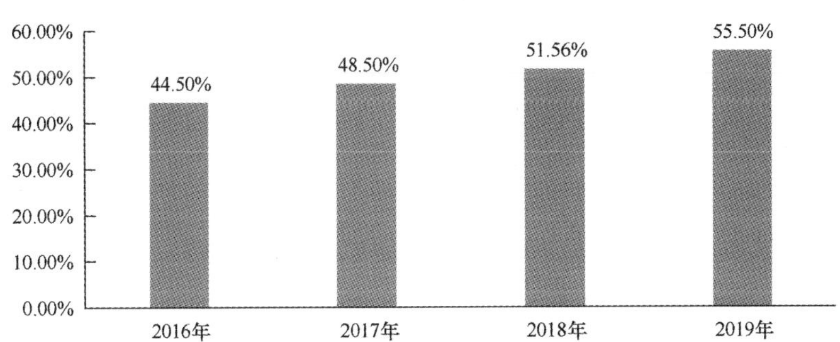

图 12　电子行业实现工艺创新的企业占规模以上企业比重

（四）效益小幅下降，营收效率持续提升

2019 年，产业效益一级指标值 111.65，较上年提升 1.82。其中，人均主营业务收入指标提升 10.49，主营业务利润率下降和亏损面进一步扩大是产业效益提升不快的主要因素。产业效益二级指标指数值如图 13 所示。

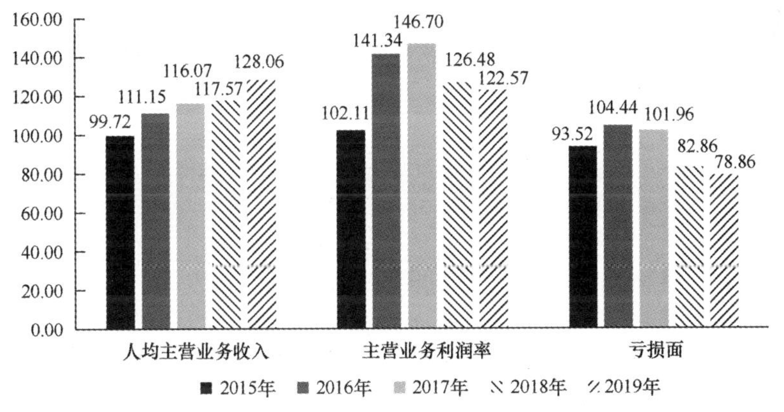

图 13　产业效益二级指标指数值

1．企业不断提高生产效率应对制造业生产要素成本的持续上升，人均主营业务收入快速提升

2019 年，电子信息制造业人均主营业务收入指标得分 128.06，连续第四年实现提升。云计算、大数据、物联网、移动互联网、人工智能等新一代信息技术带动电子信息产业加快变革，

同时电子信息制造业企业自身也在积极推动数字化转型，加快从劳动密集型增长方式转变为创新和资本密集型增长方式。企业在应用新技术和智能化生产工具提高良品率、缩短订单交付周期等方面取得显著成效，产业整体运营效率提升明显，企业国际化竞争能力不断增强。2019 年，电子信息制造业人均主营业务收入从 2014 年的 103.4 万元提升到 132.4 万元。此外，加快数字化转型还能有效应对制造业人力成本上升的问题，波士顿咨询 2020 年发布的《全球制造业成本竞争力指数》报告显示，与美国（100 分值）相比，2019 年我国制造业成本已经达到 95～97，远高于印度（87）、泰国（86）、马来西亚（83）和印度尼西亚（81）等东南亚国家。

2．原材料涨价、产品价格下降和产业链上游产线投资金额上涨，导致企业效益下滑

2019 年，电子信息制造业主营业务利润率为 4.6%，较 2018 年下降 0.15 个百分点，行业亏损面从 2018 年的 19.77%扩大到 20.77%，指标得分均较 2018 年有一定幅度下降。效益下降的主要原因，一是电子元件和电子器件 2019 年上半年延续 2018 年的涨价态势，使得上半年行业利润下降较快，对全年盈利造成不利影响；二是通信设备、视听设备等整机产品价格全年持续下降，加大了行业盈利增长压力；三是占行业固定资产投资比例近 30%的电子器件领域，正面临新材料和新工艺层出不穷的关键阶段，行业投资规模不断加大，进一步压缩了行业利润空间。电子信息制造业 2018 年与 2019 年营业收入和利润总额增速如图 14 所示。2019 年电子元件及电子专用材料制造工业生产者出厂价格指数如图 15 所示。2019 年通信设备和视听设备制造工业生产者出厂价格指数如图 16 所示。

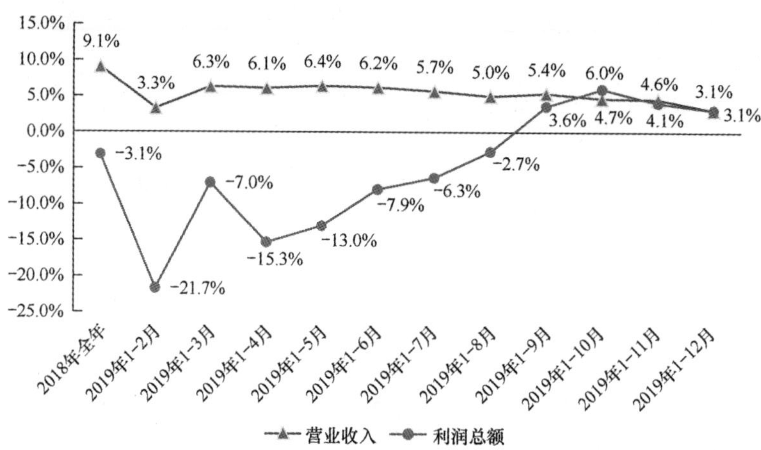

图 14　电子信息制造业 2018 年与 2019 年营业收入和利润总额增速

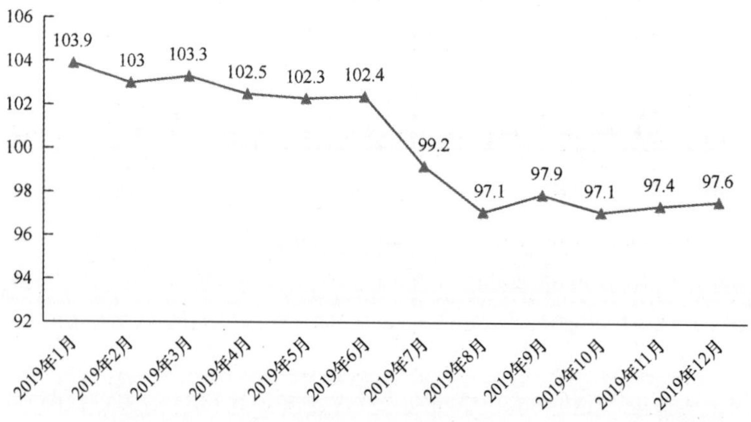

图 15　2019 年电子元件及电子专用材料制造工业生产者出厂价格指数

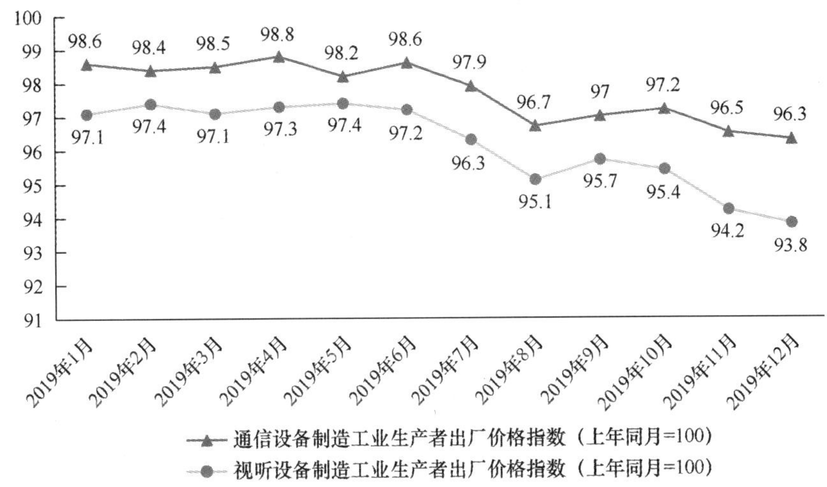

图 16　2019 年通信设备和视听设备制造工业生产者出厂价格指数

二、趋势预判和建议

（一）国内新型基础设施建设、技术创新等政策为电子信息制造业发展带来机遇

一是新型基础设施建设将带动电子信息产业升级发展。以 5G 网络、数据中心等为代表的信息基础设施将直接带动网络设备、终端、IT 设备需求增加，拉动上游芯片和元器件产业发展；以智慧城市、智慧交通等为代表的融合基础设施将极大地促进传统行业数字化改造升级，拓展智能模组、汽车电子、显示面板等领域应用需求，形成新的产业发展空间。二是科技自立自强助力我国信息通信核心技术突破发展。党的十九届五中全会审议通过了《中共中央关于制定国民经济和社会发展第十四个五年规划和二〇三五年远景目标的建议》，首次提出“坚持创新在我国现代化建设全局中的核心地位”。经过几十年的发展，我国已经具备了较强的系统集成能力，但从产业本身看，我国在关键材料、高端装备等基础领域与国际先进水平仍有较大差距，供给侧质量和产业结构平衡优化等方面尚需继续推进。“十四五”期间，通过加强技术研发攻关，我国电子信息制造业有望弥补关键技术短板，推动产业基础高级化和产业链现代化。

（二）全球供应链格局不确定性加深、跨国企业兼并重组加剧、全球需求疲软给电子信息制造业的发展带来新的挑战

一是供应链格局方面，国际环境日益复杂，受经济低迷和贸易保护主义叠加的影响，国际分工体系面临重塑，分散化、多元化成为未来趋势，由此我国产业链外迁、分流趋势加剧，中国制造逐步转变为“中国+*N*”的格局，过快的产业转移给我国电子信息制造业发展带来一定压力。同时，发达国家对先进技术、产品、人才的管控越发严格，主要国家加强前沿技术和未来产业布局，未来竞争必将更加激烈。二是收购并购方面，全球电子信息产业尤其是半导体等上游行业呈现价值链分工细化，同时细分领域聚集度提升的态势，半导体行业整合不断加剧，国际巨头强强整合将进一步提升跨国企业在计算、光芯片、模拟芯片等方面的垄断地位，因此我国突破难度加大。三是全球需求方面，全球经济复苏偏弱，发达国家市场增速持续趋缓，同时全球贸易保护主义有所抬头，增加了全球经济发展的不确定性，影响投资和消费的活力，主要消费电子产品——手机、计算机、彩电市场持续不振，5G 应用尚未规模化发展，消费者终端更换观望期可能拉长，带来市场动力不足。

综上所述，我国电子信息制造业在创新成果积淀和产业韧性增长等方面特点突出。当前，我国电子信息制造业正面临“十四五”高质量发展的关键时期，需要加快构建以国内大循环为主体、国内国际双循环相互促进的新发展格局。针对行业发展中的问题，建议从以下四方面推动产业高质量转型进程：

（1）落实科技强国战略，推动企业创新能力不断提升。促进各类创新要素向企业集聚，推进产、学、研科研力量优化配置和资源共享，加强共性技术平台建设，支持企业承担国家重大科技项目，对企业投入基础研究实行税收优惠。

（2）实施产业基础再造，加强产业链关键技术攻关。布局建设一批创新中心和实验室，重点突破核心芯片、关键零部件、集成电路制造工艺、半导体材料等基础环节。培育一批具有生态主导力的产业链的链主企业，建设自主、完整并富有韧性和弹性的产业链供应链。

（3）持续扩大内需市场，优化双循环发展格局。把握5G、云数据中心等新型基础设施建设的机遇，持续扩大网络设备、边缘设备等设备产业链上游内需市场。深入开展高端产品补缺行动，满足日益提升的国内中高端消费需求。

（4）推动更高水平开放，建立广泛的产业共同体。不断优化国内营商环境，吸引国际投资、高技术人才等资源要素；积极参与全球相关技术标准和规则制定，不断深化区域全面经济伙伴关系，构筑互利共赢的产业链、供应链合作体系。

三、指标体系说明

2020 年综合发展指数延续 2019 年综合发展指数体系架构，共包括产业发展规模、产业效益、产业创新和产业转型升级 4 个一级指标和 13 个二级指标（见图 17），数据基础以 2019 年国家统计局行业数据为主，辅以工业和信息化部统计的电子信息制造业统计年报数据。

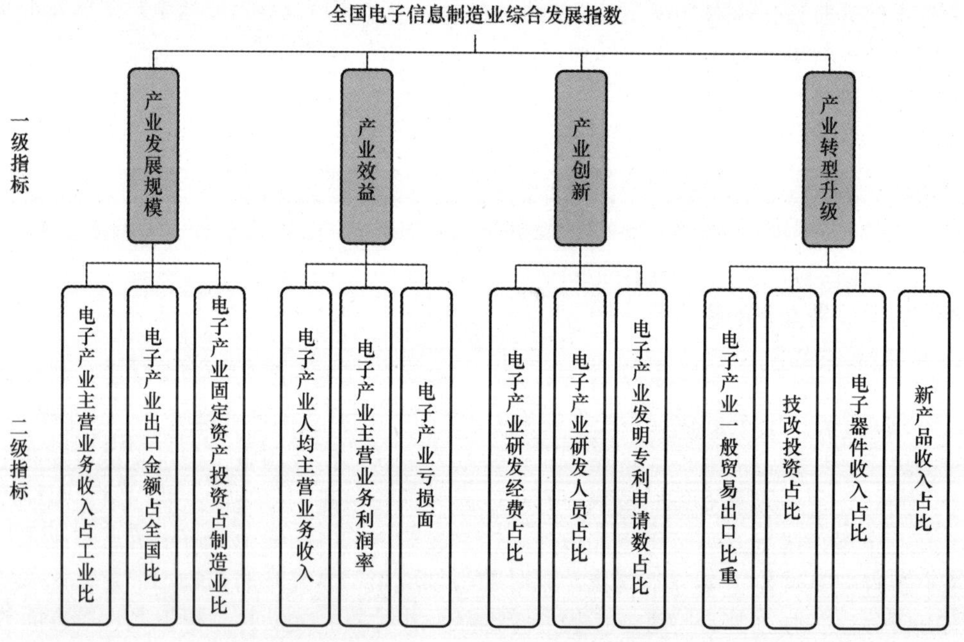

图 17　全国电子信息制造业综合发展指数体系

注：此处指标中的电子信息制造业简称电子产业。

新产品收入：新产品是指采用新技术原理、新设计构思研制、生产的全新产品，或在结构、材质、工艺等某一方面比原有产品有明显改进，从而显著提高了产品性能或扩大了使用功能的产品。数据来源于国家统计局。

2019年中国电子信息制造业重点领域发展情况

集成电路行业

2019年，在传统应用市场需求疲软、国际贸易形势不确定性增加、存储器价格下跌等多重因素的影响下，全球半导体行业进入下行周期。根据世界半导体贸易统计组织（WSTS）统计，2019年全球半导体市场总销售额为4123亿美元，同比下降12%，创下2001年以来最大跌幅；2019年总销售量达9319亿颗，同比下降7%；2019年平均销售价格（ASP）为0.44美元，同比下降5.2%。

从产品类型看，2019年存储器销售额为1064亿美元，同比下降32.6%，成为全球半导体市场下跌的主要因素；逻辑芯片销售额为1065亿美元，同比下降2.5%；处理器销售额为664亿美元，同比下降1.2%；模拟芯片销售额为539亿美元，同比下降8.2%。

从区域发展情况看，全球各地区销售额均有不同程度的下滑。美洲地区半导体市场跌幅最为明显，2019年总销售额为786亿美元，比2018年的1030亿美元下降23.7%；中国依然是全球最大的半导体市场，2019年销售额达1445亿美元，同比下降8.8%。欧洲半导体市场销售额达398亿美元，同比下降7.3%；日本半导体市场销售额为359.9亿美元，同比下降10%；亚洲其他地区半导体市场销售额达1134亿美元，同比下降9%。

从代工厂的关键尺寸情况看，2019年全球代工厂销售收入为565亿美元，其中40nm以下尺寸仍占比最高，市场份额从2018年的40%提升到2019年的47%。16/14nm及以下尺寸代工占比持续提升，代工龙头企业台积电16nm及以下先进制程销售额占比已经高达50%，其中7nm在2018年第三季度实现量产后，市场份额占比迅速提升，2019年第四季度份额占比已经达到35%。40/45nm代工仍有较大市场，主要受图像传感器、射频器件等特色工艺产品驱动，市场份额为13%。由于分立器件、功率器件等产品仍有较大的代工需求，0.13～0.18μm代工依然维持较大市场份额，占比为13%。

一、基本情况

（一）中国集成电路产业继续保持较快增长

2019年，中国集成电路产业继续保持较快增长，销售额为7562亿元，同比增长15.8%（见图1）。

从设计、制造、封装测试三业来看，集成电路设计业增速最快，2019年同比增长达到21.6%，销售额为3064亿元；制造业同比增长18.2%，销售额为2149亿元；封装测试业同比增长7.1%，销售额为2350亿元（见图2）。

根据国家统计局的数据，2019年中国集成电路产量为2018亿块，同比增长8.9%（见图3）。

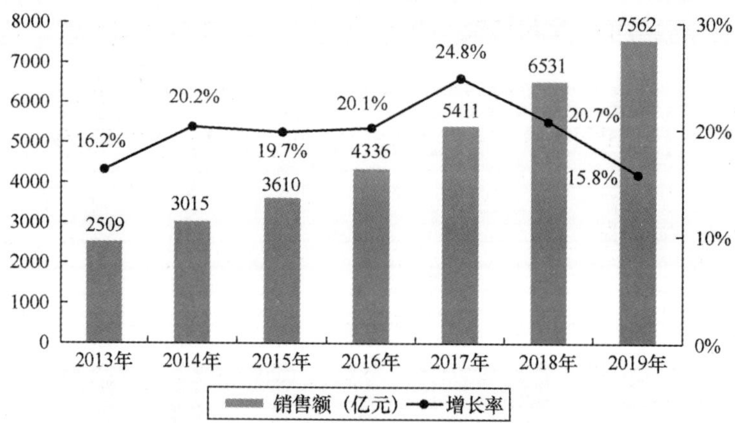

图 1　2013—2019 年中国集成电路产业销售额及增长率

资料来源：CSIA。

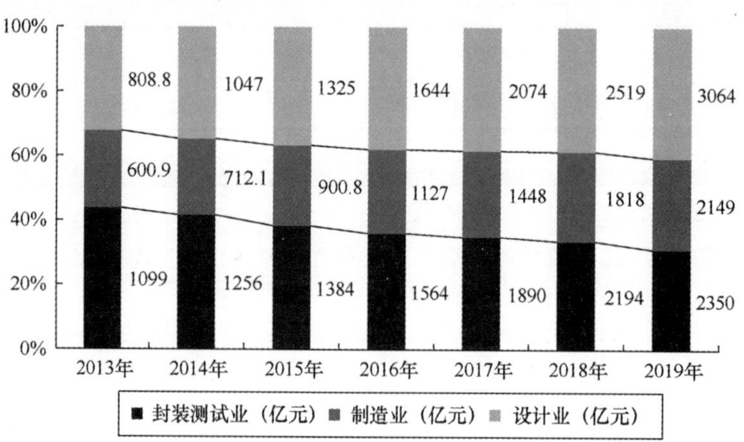

图 2　2013—2019 年中国集成电路设计业、制造业、封装测试业销售额及增长率

资料来源：CSIA。

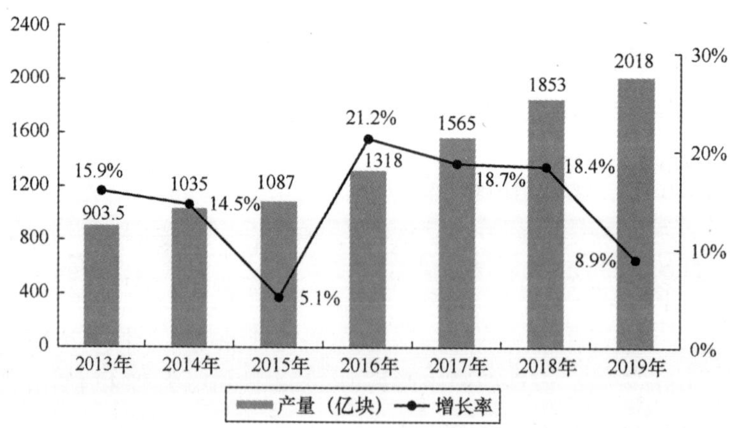

图 3　2013—2019 年中国集成电路产量及增长率

资料来源：国家统计局。

（二）中国集成电路市场增长情况

在全球半导体行业景气度较低及国内终端市场疲软的双重影响下，2019 年中国集成电路市场规模首次下滑，下降至 15093.5 亿元，同比下降 5.9%（见图 4）。

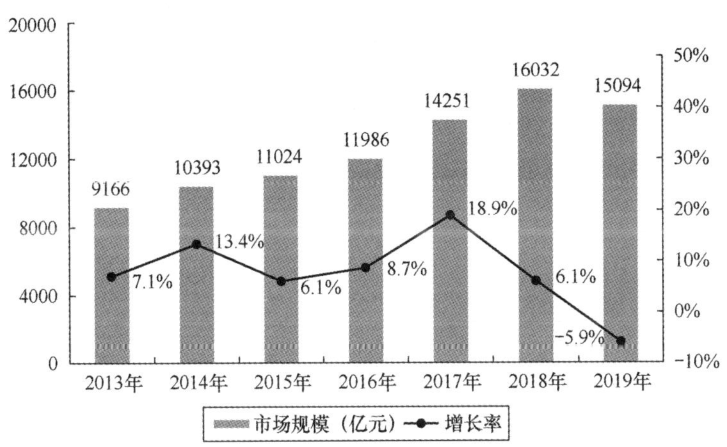

图 4　2013—2019 年中国集成电路市场规模及增长率

资料来源：CCID。

从应用结构方面来看，计算机、网络通信和消费电子仍然是中国集成电路最主要的应用市场，三者合计占整体市场 78.2%的份额。网络通信是我国集成电路产业的重要细分市场，在 4G/5G 市场发展的影响下，2019 年市场占比提升至 31.8%。受国内计算机出货量减少和存储器产品价格回落影响，2019 年计算机类集成电路市场份额下降至 23.9%，消费电子领域集成电路市场份额略微提升，占比为 22.5%。除此之外，在制造强国战略和产业转型升级的大环境下，工业智能化水平不断提高，新能源汽车不断推广，2019 年工业领域集成电路市场份额扩大到 14.7%，在中国集成电路整体市场下滑的情况下，仍保持了 2.7%的增长。

在产品结构方面，ASSPs/ASIC 市场份额从 2018 年的 26.4%提升到 2019 年的 31.3%，从而超越存储器成为我国集成电路市场中份额最大的单一产品。2019 年，在存储器价格下滑的影响下，中国集成电路市场存储器产量下降 27.1%，市场份额从 2018 年的 33.7%跌至 2019 年的 26.1%。另外，2019 年中国 MPU 产品市场增长最快，增速达到 15.1%。

（三）集成电路进出口情况

2019 年，中国进口集成电路 4451 亿块，同比增长 6.6%；进口金额为 3056 亿美元，同比下降 2.1%。出口集成电路 2187 亿块，同比增长 0.7%；出口金额为 1016 亿美元，同比增长 20%（见图 5 和图 6）。

从产品结构来看，2019 年我国处理器及控制器进口金额为 1437 亿美元，依旧是我国集成电路进口金额最大的产品，占进口总额的 46.9%；存储器进口金额仅次于处理器，进口金额为 947.0 亿美元，占进口总额的 30.9%（见图 7）。2019 年，我国处理器及控制器出口金额为 358.1 亿美元，占比为 35.1%；存储器出口金额为 523.8 亿美元，占比为 51.3%（见图 8）。

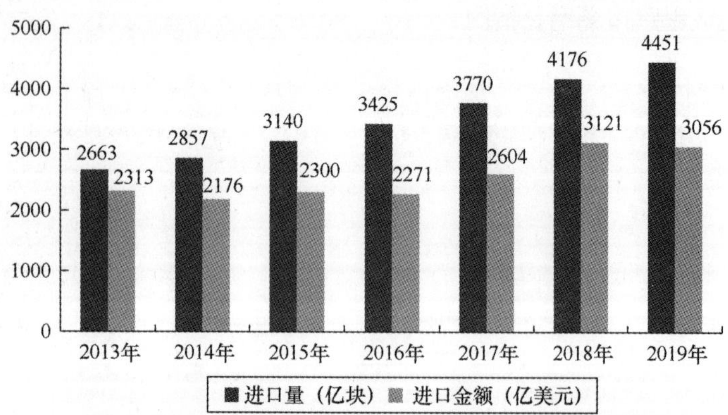

图 5　2013—2019 年中国集成电路产品进口量和进口金额

资料来源：海关部署。

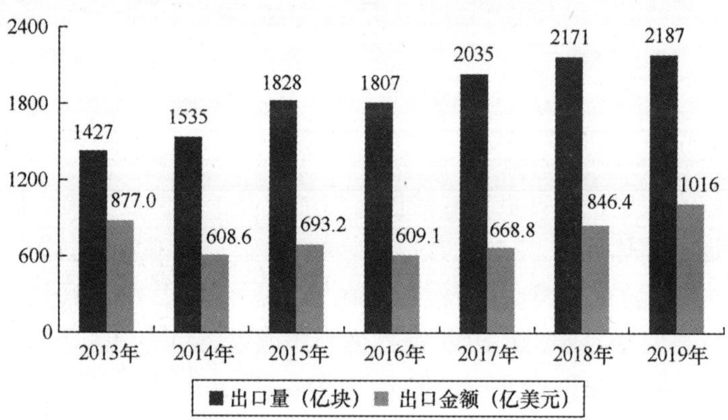

图 6　2013—2019 年中国集成电路产品出口量和出口金额

资料来源：海关总署。

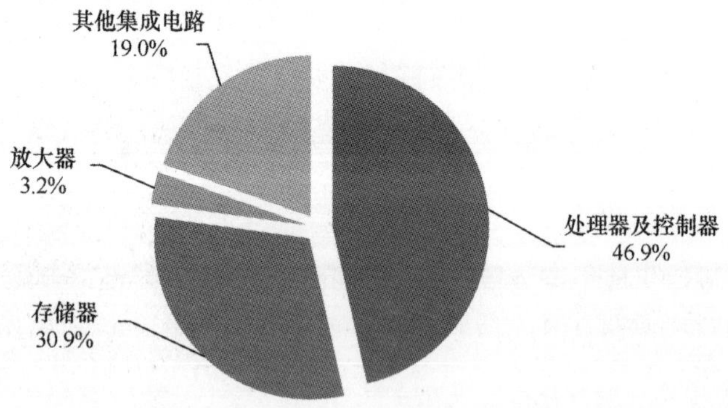

图 7　2019 年中国集成电路进口额产品结构

资料来源：海关总署。

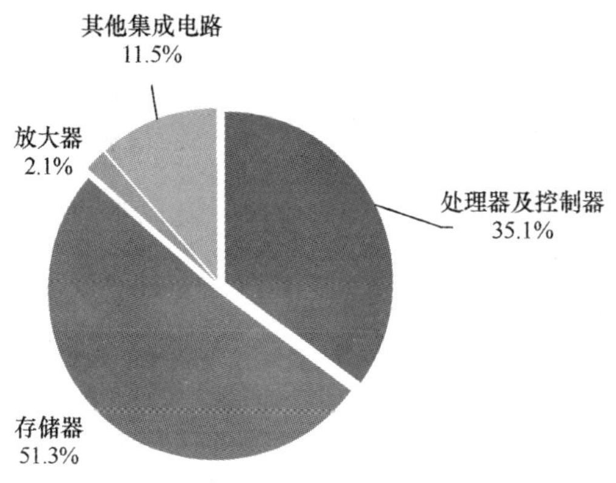

图 8　2019 年中国集成电路出口额产品结构

资料来源：海关总署。

二、发展热点及面临的主要问题

（一）发展热点

1．国产芯片不断拉近与国际先进水平的距离

1）CPU 芯片

迄今为止，中国已崛起兆芯、龙芯、天津飞腾、申威（上海高性能集成电路设计中心）和华为海思等国产 CPU 设计单位。2019 年表现如下：

（1）兆芯。其于 2019 年 6 月 19 日发布了国内首款采用 16nm 工艺，64 位 8 核主频 3.0GHz 的国产通用处理器（KX-6000 和 KH-30000 系列）。其中，KX-6000 面向 PC 市场，性能相当于英特尔目前主流的第 7 代 i5-7400 水平；KH-30000 面向存储/边缘服务器市场。另外，目前兆芯正在设计 7nm、8 核 4.0GHz 的 KX-7000 系列芯片，性能争取达到英特尔/AMD 的同期水平。

（2）龙芯。其于 2019 年 12 月 24 日发布了采用 28nm 工艺，4 核主频 1.8～2.0GHz 的通用 CPU 产品（3A4000/3B4000）。其中，3A4000 面向笔记本计算机市场，性能与 AMD 公司 28nm 的工艺相当；3B4000 面向四路服务器市场。预计 2021 年，龙芯也将推出采用 12nm 工艺的 4 核 3A5000 和 16 核 3C5000 产品，主频将提高到 2.5GHz 以上，性能将达到 AMD 的同期水平。

（3）天津飞腾。其于 2019 年 9 月 19 日发布了采用 16nm 工艺，集成 4 个飞腾自主研发的处理器核（FTC663），主频为 2.0～3.0GHz，兼容 64 位 ARMv8 指令集的桌面处理器（FT-2000/4）。FTC663 是飞腾自主研发的最新一代处理器核。所以，FT-2000/4 不仅在性能方面进一步缩小了与国际主流桌面 CPU 的差距，而且支持 PSPA 标准，支持 SM2、SM3 和 SM4 国密算法，从 CPU 层面实现可信计算，有效护航信息安全。

（4）申威（上海高性能集成电路设计中心）。其主要成果是采用 28nm 工艺、集成 260 个处理器核心、主频 1.45GHz 的申威 SW26010 处理器。该芯片自 2016 年 6 月应用于国家超级计算无锡中心的“神威 • 太湖之光”超级计算机系统以来，已连续六次夺得世界超级计算机排名榜单 TOP500 第一名。在 2019 年 6 月 13 日召开的成都全球创新创业交易会上，成都申威科技有限责任公司基于申威 SW26010 处理器，展示了国产的“申威小型超算服务器”，从而使申威 SW26010 处理器得到新应用。

（5）华为海思。2019 年 1 月，华为宣布推出基于 ARMv8 架构、采用 7nm 工艺、64 核主频 2.6GHz 的高性能服务器处理器芯片（鲲鹏 920）；2019 年 11 月，华为宣布与山西百信达成合作协议，将生产基于鲲鹏 920 处理器的太行 220 台式机，使芯片实现商用化。

2）基于 RISC-V 内核的 CPU/MCU 芯片

鉴于 RISC-V 架构具备开放、灵活、低功耗等优点，国内一批优势 IC 设计企业纷纷开展面向嵌入式设备应用的 CPU/MCU 的研制。具体如下：

（1）阿里巴巴旗下的平头哥半导体。2019 年 7 月 24—25 日在上海举办的 2019 阿里云峰会上，平头哥半导体推出基于 RISC-V 内核的处理器（玄铁 910）。其单核性能达到 7.1 Coremark/MHz，支持 16 核，主频达到 2.5GHz，相比同类 RISC-V 处理器要高出 4 成以上。同时，该公司将推行“普惠芯片计划”，该计划主要特征：①开放玄铁 910 的 IP 核（CPU IP Core）。全球开发者可以免费下载该处理器的 FPGA 代码，快速开展芯片原型设计和架构创新。②提供面向领域定制优化的芯片平台（Domain Specific SoC）和包括 CPU IP、SoC 平台，以及算法在内的软硬件资源。③面向不同 AIoT 场景，为企业和开发者提供个性化芯片服务，极大地降低高性能端上芯片的设计制造成本。④在 2019 年 10 月 20—22 日召开的第六届世界互联网大会上，平头哥半导体宣布开源其低功耗微控制芯片（MCU）设计平台。该平台包含处理器、开发工具等全套模块，搭载玄铁 902 处理器，能让用户快速集成、快速验证，减少开发成本。

（2）北京兆易创新。2019 年 8 月 22 日，北京兆易创新宣布推出基于 RISC-V 内核（Bumblebee）的工业级 32 位通用 MCU 产品（GD32V 系列）；其在性能和服务上，可提供 108MHz 的运算主频，具备包括多种开发板和应用软件在内的 RISC-V 开发生态，适用于工业控制、消费电子、新兴 IoT、边缘计算、人工智能等嵌入式市场应用。另外，Bumblebee 处理器内核是北京兆易创新携手芯来科技联合开发的一款商用 RISC-V 处理器内核。

3）5G 智能手机芯片

全球 5G 芯片经过洗牌，还剩下中国大陆地区的华为海思和紫光展锐，中国台湾地区的联发科，美国高通、韩国三星。中国大陆地区主要表现如下：

（1）华为海思。在 2019 年的 IFA 展会上，华为正式发布了全球第一款采用 7nm FinFET-PlusEUV 工艺的 5G 处理器芯片（麒麟 990）。其特点如下：①基于 ARM 授权的 A76 和 G76 架构，拥有 8 个核心，包括双大核、双中核及 4 个小核，同时集成巴龙 5G 基带、内置 AI 的达芬奇架构 NPU 模块，集成度达 103 亿个晶体管；②在 AI 能力方面能支持 HiAI、Tensorflow、Android NN 等多平台 AI，站稳了国际第一梯队。

（2）紫光展锐。在 2019 年的世界移动通信大会（MWC2019）上，紫光展锐发布了其首款基于马卡鲁技术平台的 5G 基带芯片（春藤 510）。其特点如下：①采用 12nm 工艺，支持 2G/3G/4G/5G 多种通信模式及其 Sub-6GHz 频段及 100MHz 带宽，符合最新的 3GPP R15 标准规范；②可同时支持 SA（独立组网）和 NSA（非独立组网）组网方式，满足 5G 发展阶段的不同通信及组网需求。

4）人工智能芯片

主要介绍华为海思一款、紫光展锐两款人工智能手机芯片，以及寒武纪面向视觉应用和深度学习推理的两款芯片，以见一斑。

（1）华为海思。2019 年 6 月 21 日，华为在武汉召开的新品发布会上发布了其全新一代人工智能手机芯片（麒麟 810）。该芯片采用 7nm 工艺，搭载 2 核主频 2.27GHz 的 A76+6 核主频 1.88GHz 的 A55 架构，配置 Mali G52 GPU，并自研达芬奇架构 NPU，具有全新系统级 AI 调频调度技术，使手机用户得到端侧 AI 的全新智慧体验，AI 算力领先高通骁龙 855 达 26%之多，居全球第一位；其 CPU&GPU 性能也超越高通骁龙 730。

（2）紫光展锐。2019 年 8 月 27 日，紫光展锐在北京召开的媒体沟通会上正式发布了可提供于较强图像处理器和 AI 能力的 LTE 移动芯片平台（虎贲 T618 芯片）。其特点如下：①采用 12nm 工艺，基于 2 核主频 2.0GHz 的 A75+6 核主频 1.8 GHz 的 A55 架构；②在 GPU 方面，采用了性能更强的 ARM Mali G52 MP2，引入了自研的第五代 ISP 整体解决方案。同时，紫光展锐还宣布了另一款采用 4 核主频 2.0GHz 的 A75+4 核主频 1.8 GHz 的 A55 架构的 AI 边缘计算平台（虎贲 T710 芯片）。该芯片在 2019 年 7 月 31 日公布的全球 AI 芯片的测试榜单中，综合评价全球第一，这一成绩领先了高通当前最高端的骁龙 855 Plus。

（3）寒武纪。在 2019 年年初，寒武纪对标美国 Nvidia 的 Tesla T4 芯片，成功研发面向视觉应用的新一代人工智能芯片（MLU270）。该芯片采用 16nm 工艺，基于 MLUv02 架构，可提供 int4 256Tops、int8 128Tops 的性能，功耗为 75W。另外，在 2019 年 11 月 14 日召开的第二十一届中国国际高新技术成果交易会上，寒武纪发布了用于深度学习的 SoC 边缘加速芯片（MLU220），这标志着寒武纪在云、边、端实现了全方位、立体式的覆盖。

5）EDA 领域

该领域是我国 IC 产业结构中最为薄弱的环节，新思、Cadence 和 Mentor 三大 EDA 厂商主导着全球 EDA 市场。鉴于此，本土 EDA 厂商为做大做强，兼并整合将成为趋势。具体如下：

（1）国微集团（深圳）和深圳鸿芯微纳。2019 年 5 月 21 日，国微技术发布公告显示，其下属全资子公司国微集团（深圳）以 1000 万元购买深圳鸿芯微纳约 0.99%的股权。其中，深圳鸿芯微纳是一家从事 EDA 软件研发的企业。

（2）济南概伦电子和北京博达微。2019 年 12 月 30 日，济南概伦电子和北京博达微联合发布公告，宣称概伦电子完成对博达微的收购，其中概伦电子持股博达微 80%。其宗旨如下：①充分利用博达微的 AI 驱动的测试和建模技术，增强概伦电子在半导体建模和测试领域的全球地位；②打造集“数据驱动的测试、建模建库、仿真、验证”于一体的 EDA 解决方案，助力中国 EDA 事业发展。

2. 制造业依然是投资的热点

在国家集成电路产业投资基金的带动下，在存储器产品需求旺盛的拉动下，集成电路制造业依然是我国集成电路产业的投资热点。武汉弘芯半导体制造有限公司一期、成都紫光国芯存储科技有限公司等 12 英寸生产线项目纷纷开建。2019 年国内在建晶圆线情况如表 1 所示。

表 1　2019 年国内在建晶圆线情况

序号	公司名称	产能（万片/月）	工艺制程	投资金额	晶圆尺寸
1	厦门士兰集科微电子有限公司一期	8.0	一期 90～65nm MEMS/功率器件	总投资 170 亿元，一期 70 亿元	12 英寸（2020 年投产）
2	三星（中国）半导体有限公司二期二阶段	7.0	1znm	80 亿美元（约 560 亿元）	12 英寸（2020 年 3 月可投产）

（续表）

序号	公司名称	产能（万片/月）	工艺制程	投资金额	晶圆尺寸
3	成都紫光国芯存储科技有限公司	30.0	28～10nm 3D NAND/DRAM	1680 亿元	12 英寸
4	泉芯集成电路制造（济南）有限公司	2～4.0	12～7nm	到位资金 50 亿元	12 英寸
5	赛莱克斯微系统科技（北京）有限公司一期	3.2～4.0	250～130MEMS	26 亿元	8 英寸（2020 年投产）
6	上海积塔半导体有限公司	6.0	特色工艺 IGBT	359 亿元（与 12 英寸线合建）	8 英寸
7	中芯集成电路（宁波）有限公司二期 N2	4.5	特色工艺 模拟、RF	39 亿元	8 英寸
8	杭州士兰集昕微电子有限公司二期	3.7～4.0	特色 IC、 功率器件	总投资 15 亿元 （一期 6 亿元，二期 9 亿元）	8 英寸
9	海辰半导体（无锡）有限公司	10.5	DDI、PMIC、 CIS	68 亿元	8 英寸
10	济南富能半导体有限公司（一期）	3.0	MOSFET IGBT	60 亿元	8 英寸
11	吉林华微电子股份有限公司	2.0	MOSFET IGBT	10 亿元	8 英寸
12	山东兴华半导体有限责任公司	3.0	功率器件	50 亿元	5/6 英寸
			化合物项目		
13	英诺赛科（苏州）半导体有限公司	6.0 IDM	GaN SiC	60 亿元	8 英寸
14	北京世纪金光半导体有限公司	IDM	SiC 功率器件		6 英寸
15	济南富能半导体有限公司	0.1	SiC	60 亿元（与 12/8 英寸线合建）	6 英寸

3．国内封装测试企业技术创新能力不断提升

2019 年，国内集成电路 3 家封装测试领军企业——长电科技、通富微电、华天科技对先进封装技术工艺不断探索并深化布局，持续取得创新成果和新的突破。

长电科技集团旗下星科金朋（江阴）经过 2 年的超窄线宽线距 7nm FC-CSP 的研发，已于 2019 年下半年正式实现了为客户量产，除了满足市场超窄间距的封装需求外，更是极大地提升了工艺能力与市场的竞争力。同时，为支持半导体设备国产化，降低半导体设备依赖国外的风险，长电科技集团旗下长电先进与国产供货商共同研究、共同验证，经过多年的努力与付出，在 2019 年终于完成所有 12 英寸芯片 Bumping 生产用设备 100%国产化。

通富微电 2019 年开发了国内第一款 SiP 电源模块封装技术，该技术整合并实现了 Driver IC High/low-side MOSFET 外置大电感的大电流电源模块的封测全制程。该技术可应用于包括 5G 在内的各种基站和网络电源，目前已得到客户认可，成功实现批量生产。同时，2019 年通富微电还成功开发并应用 12 英寸国产中道装备金凸块制造新工艺，建成一条世界先进的包含

10 多种 12 英寸国产装备的国产中道工艺金凸块制造及晶圆中测生产线，月产能可达 2 万片。

华天科技 2019 年首次实现 eSiFO 封装技术的三维垂直互连的集成封装，并通过客户测试验证，三层堆叠测试平均良品率达到 85.7%，单层良品率达到 97%；完成 3D 项目临时键合技术研发、键合片的翘曲改善、锡球焊接形貌改善等单点制程工艺开发；完成高端消费、安防和车载图像传感器可靠性认证，消费类产品已经实现批量化生产；完成 MI Shielding 工艺技术开发验证，各工序能力达到客户要求，并完成产品制作和可靠性验证。

（二）面临的主要问题

1．国际环境复杂多变

中美贸易摩擦及美国不断打压我国半导体产业的发展及相关企业，给国内产业的发展带来了困难和不确定性。

2．高端领域核心技术的制约

半导体集成电路行业高端装备、仪器和关键材料严重依赖进口，高端芯片设计能力和先进制造工艺等与国际先进水平差距很大。自主知识产权核心技术的缺失，国外技术壁垒的限制，严重制约我国集成电路企业的发展。集成电路产业在我国起步较晚，没有比较厚实的技术基础积累，设计、制造、测试、封装各环节都比较薄弱，尤其在设计和制造前沿技术环节非常薄弱。

3．行业人才缺乏

美韩企业在集成电路领域已经培养了众多行业专家，而我国更多是从国外企业“挖人才”，国内行业人才稀缺，我国还是需要立足培养本土人才。

4．知识产权壁垒太高

目前国外企业在集成电路各环节都有自己的一整条知识产权链，以至于在某个产品上形成闭环式的知识产权封锁，后来者很难突破知识产权壁垒，非常容易侵权。

5．产业链各环节缺失

我国集成电路材料、装备、工艺各产业链都没有对应的企业能支撑，很多都依靠进口，是阻碍国内实现集成电路产业发展的重要因素之一。

6．研发投入不足

2018 年全世界半导体产业研发投入领先的企业为：英特尔 135 亿美元，高通 56 亿美元，博通 38 亿美元，三星 39 亿美元，研发投入世界前十中没有中国企业。中国每年集成电路研发总投入约 45 亿美元，仅占全行业销售额的 6.7%，不到英特尔年研发投入的一半。国内集成电路制造厂的平均研发投入低于其销售收入的 12%，设计企业的平均研发投入比例也低于 15%，封装测试企业的平均研发投入更低，而英特尔 2018 年研发投入占其销售额的 19%。资金缺乏是制约国内半导体企业发展创新的一大重要因素。

（本稿件由中国半导体行业协会提供）

显示行业

一、行业运行基本情况

（一）全球行业运行特点

2019 年全球显示行业受周期性影响继续下行探底，平均尺寸不断扩大的利好因素已经不足以抵消需求不振所带来的不利影响，但企业主动通过调整稼动率等手段对冲消极影响也使价格开始出现反弹，同时在一定程度上减轻了亏损。整个行业仍在坚持逆势投资，新增投资多集中在显示器件技术的迭代升级和显示企业的并购整合上，今后将进一步提高行业的集中度。

1．全球显示行业产值连续两年负增长

2019 年全球显示行业产值 1973 亿美元，同比减少 4%。其中，显示器件产值 1045 亿美元，同比减少 12%；显示材料产值 773 亿美元，同比增加 2%；显示装备产值 155 亿美元，同比减少 26%。

2．全球显示器件出货多年来首次出现负增长

2019 年全球显示器件出货 23434 万平方米，同比减少近 2%。其中，LCD 显示器件出货 22117 万平方米，同比减少 3%；OLED 显示器件出货 1093 万平方米，同比增加 25%。

3．全球显示市场需求进一步疲软，平均尺寸扩大所带来的利好已经不能再促进行业持续增长

2019 年全球显示器件市场需求量约为 34 亿片，同比减少近 10%；2019 年全球显示应用的平均尺寸为 0.0679 平方米/片，仅同比增长 8%。

4．全球显示器件价格仍在降低，但从 2019 年下半年开始回升

2019 年全球 TFT-LCD 显示器件的平均价格为 294.50 美元/平方米，同比降低 13%；AMOLED 显示器件的平均价格为 2627.43 美元/平方米，同比降低 15%。

但从 2019 年下半年开始，全球 TFT-LCD 和 AMOLED 显示器件的平均价格环比回升，第三季度 TFT-LCD 显示器件的价格环比上升 3%，AMOLED 显示器件的价格环比上升 5%；第四季度 TFT-LCD 显示器件的价格则环比上升了 6%。

5．全球显示器件产能继续增加，但产能转化率受稼动率影响而降低

2019 年全球显示器件产能超过 3 亿平方米，同比增长约 7%，但市场需求不振，价格持续走低，因此稼动率全年平均只有 81%，同比降低 7 个百分点。

6．全球显示企业盈利能力受周期性影响普遍较差，营业利润率水平出现负增长

2019 年全球主要显示器件企业的平均营业利润率为−4%，同比大幅降低近 8 个百分点。

7．全球显示行业新增投资相对保守，主要集中于显示器件技术的迭代和显示材料及装备企业的整合

2019 年企业盈利情况普遍恶化，因此整体投资明显保守，全球新增投资在 200 亿美元以内，同比减少超过 25%。

除中国大陆地区以外，显示器件企业的投资主要集中于 AMOLED、QLED、Micro-LED 等 TFT-LCD 迭代技术。同时，海外显示材料及装备企业也加速了并购或整合，力图进一步提高市场集中度。

（二）我国行业运行特点

2019 年我国显示行业总体平稳增长，全球市场地位进一步稳固，企业竞争力也有所提升，国际贸易首次实现收支平衡，但结构性问题依然存在，显示器件技术和产业链发展不太平衡，产品附加值尚待提高。新增投资虽然有所减缓，但投资结构明显改善。

1. 我国显示行业产值继续保持平稳增速，全球市场地位基本稳固，但结构性问题依然存在

2019 年，我国大陆地区显示行业产值 3753 亿元（按平均汇率折合约 544 亿美元），同比增加 5.6%，增速与 2018 年相比略微增加 1.2 个百分点。行业产值在全球市场中的占比约为 28%，仅次于韩国位居全球第二。

其中，显示器件产值 2815 亿元（按平均汇率折合约 408 亿美元），同比增加 5.2%，全球市场占比约为 39%，但值得注意的是，美元计价的产值实际上同比减少 0.5%；显示材料产值 869 亿元，同比增加 6.5%，全球市场占比约为 16%，折合美元产值则基本持平；显示装备产值 69 亿元，同比增加 15%，全球市场占比约为 6%。

我国显示行业的产值结构明显侧重显示器件，显示材料和装备的全球地位尚未稳固。

2. 我国显示器件出货继续保持较高增速，TFT-LCD 市场地位完全稳定，AMOLED 差距仍大

2019 年，我国大陆地区显示器件出货 11929 万平方米，同比增长 18%，全球占比约为 51%，已经连续两年位居全球第一。

其中，TFT-LCD 显示器件出货 11860 万平方米，同比增长 18%，全球占比约为 54%；AMOLED 显示器件出货 69 万平方米，同比增长约 123%，全球占比约为 6%。

3. 我国显示器件的价格低于全球平均水平，产品附加值有待进一步提高

2019 年，我国 TFT-LCD 显示器件的平均价格约为 258.76 美元/平方米，比全球平均水平低 12%，而韩国同类显示器件的平均价格则为 299.53 美元/平方米；我国 AMOLED 显示器件平均价格约为 1938.73 美元/平方米，比全球平均水平低 58%。

4. 我国显示器件产能稳步增长，TFT-LCD 产能转化率略高于全球平均水平，但 AMOLED 产能转化率有待进一步提高

2019 年，我国大陆地区显示器件产能约为 14477 万平方米，同比增加约 5%，全球占比为 47%。

我国大陆地区 2019 年 TFT-LCD 显示器件产能约为 14077 万平方米，产能转化率约为 84%，与全球平均水平 76%相比高了 8 个百分点。我国 2019 年 AMOLED 显示器件产能已接近 400 万平方米，但产能转化率只有 17%，与全球平均水平 58%相差甚远。

5. 我国骨干显示器件企业的盈利水平略好于海外竞争对手

2019 年我国大陆地区骨干显示器件企业盈亏基本持平，营业利润率在±1%之间，好于全球−4%的水平。

6．国际贸易首次实现显示器件的外贸顺差，显示应用出口则出现不同程度减少

2019 年我国共进口显示器件（面板）207.87 亿美元，出口 214.17 亿美元，首次实现外贸顺差 6.3 亿美元。

2019 年，我国主要显示应用的出口除平板电脑外均有不同程度的减少，其中手机出口 1244 亿美元，同比减少 11%；电视出口 125.18 亿美元，同比减少 15%。

7．我国显示行业新增投资增速明显减缓，投资结构有所改善

2019 年，我国大陆地区显示行业新增投资 2355 亿元，同比减少 40%。其中，显示器件新增投资 1409 亿元，同比减少近 61%，占比近 60%，相比去年同期减少 31 个百分点；新增显示材料或装备投资 535 亿元，同比增长近两倍，占比近 23%；显示模组新增投资 411 亿元，同比增长 112%，占比近 17%。

尤其值得注意的是，2019 年我国大陆企业对 Micro-LED 及硅基 OLED 等新型显示技术的投资明显加大，其中对 Micro-LED 的新增投资高达 464 亿元，在所有显示器件新增投资中占比近 1/3。

二、行业运行趋势

（1）新冠肺炎疫情对显示行业的影响范围十分广泛，波及整个显示产业链，虽然具体影响强度取决于疫情持续时间和政策对冲力度，但将明显影响我国显示行业全球市场地位的进一步稳固。

（2）全球显示行业发展的不确定性将进一步增加，虽然价格有所回升，但如果供需同时出现较大幅度减少，则产值再次探底的可能将进一步加大，企业盈利能力也将受到挑战。

（3）显示技术的迭代将进一步加快，主流显示器件和传统应用市场的垄断地位将进一步降低，新技术或新应用不断涌现。

（4）市场竞争将更加激烈，竞争形式越来越多样化，我国企业面临的竞争挑战将明显多于海外竞争对手。

三、当前行业面临的“难点”或“苗头性”问题

（1）显示技术创新活跃程度不断提高，但产业政策支持力度不断下降，对成熟技术缺乏持续支持，容易造成比较优势得而复失，对迭代技术则缺乏必要的侧重。

当前经济环境下显示周期反复起落，企业的技术创新越发活跃，海外竞争企业加速对 LCD 技术的迭代，试图进一步加速 QLED、Micro-LED、OLED 等技术的产业化步伐。

我国企业因尚需时间完成折旧，故技术创新焦点目前主要在具有相对比较优势的 LCD 技术上，如叠屏技术、非晶硅驱动 Mini-LED 动态背光技术等。目前政策面对迭代技术创新关注度较高，而对成熟技术创新缺乏必要的支持，容易造成相对比较优势不易维持。

此外，我国企业虽在迭代技术上积极布局，但对相关材料和装备的进口依赖程度很大，进口环节增值税和消费税等也容易造成较大资金压力，很大程度上阻碍了追赶步伐。

（2）应用创新覆盖面较窄，动力不足。

目前显示应用的主要创新市场是商用显示、车载显示和工控显示。我国应用市场虽然同时具备多样性和大容量的特点，但在商用显示市场，我国虽然一枝独秀，但尚未形成必要的

品牌集中度，无法利用品牌价值溢出效应引领应用创新；在车载显示和工控显示市场，我国品牌则处于中低端地位，无法引领应用创新。

在传统应用领域如电视市场，我国品牌已经陷入价格战的惯性循环。华为“智慧屏”将极有可能重新定义电视市场生态链，但在内容上还需要其他各方的参与及政策面的支持。

（3）产业链配套企业面临全球化挑战。

我国显示企业已经在 LCD 显示技术上发展成熟，但仍面临着成本和技术迭代压力，要进一步发挥比较优势，需要产业链配套企业进一步发展壮大，逐渐具备全球市场竞争的能力。但是我国配套的显示材料和装备企业目前国内市场份额占比很高，有能力开拓海外市场的企业或者生产低附加值产品，或者材料和装备严重依赖进口，不具备必要的成本优势。

此外，面对已经进入国际市场并取得一定市场地位的显示器件企业不断提升的配套需求，国内配套企业由于缺乏必要的国际化经验也很难提供优质的解决方案。

同时，海外企业项目不断落地我国大陆地区也使国内企业进一步降低了关税壁垒的保护。

（4）无序投资问题尚未根治，知识产权问题日益突出。

虽然显示器件的投资已经明显减少，但地方政府的积极性依然没有完全消退，且随着海外旧产线的转移趋势加剧，显示器件的无序投资问题尚未得到有效根治。另外，显示材料的投资也开始有主体和地域不集中的苗头，无序投资问题开始显现。

市场环境的持续恶化导致知识产权问题日益突出，范围上已经从显示器件转移到显示材料和设备，内容上已经从专利纠纷扩大到商业机密等。

（5）新冠肺炎疫情给包括显示行业在内的中国制造业提出了新的课题，迫使企业重新思索制造业发展走向。

四、政策建议

（1）建议持续政策支持，在现有的“膜晶显”政策到期后，继续延期 5 年，支持我国新型显示行业在“十四五”期间取得全面突破。同时建议进一步扩大税收政策支持范围，从现有的显示器件（面板）、偏光片和彩膜扩大到光刻胶、靶材等其他上游显示材料或装备。

（2）建议政策重点支持方向同时关注发挥成熟技术的比较优势和新兴迭代技术的产业化。

（3）建议政策继续鼓励和引导应用创新，建立应用创新生态链。

（4）建议政府主管部门进一步发挥窗口指导作用，限制无序投资势头，鼓励和引导知识产权合作。

（5）建议政府主管部门加大对 HSE（健康、安全与环境）管理、少人化智能制造和柔性生产、数字化技术、工业互联网远程服务、大数据分析及 AI 技术应用等的产业化应用的支持力度。

（本稿件由中国光学光电子行业协会液晶分会提供）

2019年全国主要省（直辖市、自治区）电子信息制造业发展情况

广东省

广东省在工业和信息化部的指导下，深入贯彻落实广东省委、省政府战略部署，按照高质量发展要求，积极培育电子信息产业集群，率先发展超高清视频产业，抓好重点项目引进，加快5G产业和集成电路发展，2019年广东省电子信息制造业销售产值首次突破4万亿元，为建设制造强省提供了有力支撑。

一、总体运行情况

（一）产业规模平稳增长，工业增加值增幅放缓

2019年，广东省电子信息制造业产业规模保持平稳增长，实现销售产值41609亿元，同比增长5.9%，增幅比上年同期回落2.9个百分点，占全省规模以上工业企业销售产值的比重为29.11%。实现工业增加值9227亿元，同比增长7.4%，增速高于全省规模以上工业企业2.7个百分点，增幅比2018年同期回落2个百分点，占全省规模以上工业企业工业增加值的比重为27.5%。

（二）行业企业效益稳中向好

2019年，广东省电子信息制造业实现营业收入43039亿元，同比增长3.1%，增速高于全省规模以上工业企业 0.1 个百分点，占全国电子信息制造业营业收入的比重为37.9%。实现利润总额2123亿元，同比增长17.0%，增速高于全省规模以上工业企业11.4个百分点，占全国电子信息制造业利润总额的比重为 42.4%，行业企业效益企稳回升。实现产成品存货金额1739亿元，同比增长10.9%，高于全省规模以上工业企业5.2个百分点。

（三）行业出口交货值增幅回落

受全球经济放缓、中美贸易摩擦等不利因素的影响，广东省电子信息制造业出口交货值明显回落。2019年，广东省电子信息制造业实现出口交货值19218亿元，同比下降7.7%（见表1），增速低于全省规模以上工业企业2.4个百分点，占全省规模以上工业企业出口交货值的比重为54.5%，占全省电子信息制造业销售产值的比重为46.2%，占全国电子信息制造业出口交货值的比重为34.3%。

表 1　2019 年广东省电子信息制造业主要指标完成情况

指标	单位	完成额	2019 年增速（%）	2018 年增速（%）
销售产值	亿元	41609	5.9	8.8
工业增加值	亿元	9227	7.4	9.4
出口交货值	亿元	19218	−3.9	11.8
营业收入	亿元	43039	3.1	8.5
营业成本	亿元	36030	1.8	8.5
利润总额	亿元	2123	17.0	−10.7

资料来源：广东省统计局。

（四）多种主要产品产量居全国首位，4K 产业蓬勃发展

广东省统计局统计的 13 种主要电子信息产品产量中，2019 年仅电子计算机整机、彩色电视机、组合音响 3 种产品产量保持正增长。手机、光电子器件、电子元件等产品产量同比下滑，其中手机产量约为 7.1 亿台，同比下降 9.4%，占全国手机产量的 41.5%；光电子器件产量约为 6072 亿只，同比下降 25.3%，占全国光电子器件产量的 55.7%。彩色电视机产量为 10422 万台，同比增长 6.5%（见表 2），占全国彩色电视机产量的 54.9%。其中，广东省四大彩电企业（TCL、创维、康佳、广东长虹）4K 电视产量为 2792 万台，同比增长 34.7%，占其电视总产量的 44.6%；全省 4K 机顶盒用户数累计达 2150 万户，较 2018 年年底增加 650 万户。

表 2　2019 年广东省电子信息制造业主要产品产量情况表

产品名称	单位	2019 年产量	2019 年增速(%)	2018 年增速(%)
程控交换机	万线	638.4	−26.9	4.0
其中：数字程控交换机	万线	626.7	−25.8	2.6
电话单机	万部	5017	−5.2	−22.7
传真机	万台	51.8	−69.9	−23.8
移动通信手持机（手机）	万部	70503	−9.4	−7.0
电子计算机整机	万台	6166	4.5	−16.1
微型计算机设备	万台	5785	5.4	−20.2
其中：笔记本计算机	万台	499.2	−0.2	−28.2
彩色电视机	万台	10422	6.5	12.3
其中：显像管彩色（CRT）电视机	万台	2.8	−47.7	−54.0
液晶（LCD）电视机	万台	10298	6.9	11.3
电子元件	亿只	19357	−13.3	15.3
光电子器件	万只	60715739	−25.3	−0.8
其中：发光二极管（LED）	万只	58505188	−26	0.0
液晶显示屏	万片	165447	10.2	−9.6
液晶显示模组	万套	123631	15.7	−8.3
集成电路	亿块	363.2	0.0	6.6
数字激光音、视盘机	万台	1172	−42.2	−27.4

（续表）

产品名称	单位	2019 年产量	2019 年增速(%)	2018 年增速(%)
组合音响	万台	12726	7.0	3.6
半导体存储器播放器（含 MP3、MP4）	万个	405.4	−21	−29.6
锂离子电池	万只	473340	−16.6	1.5

资料来源：广东省统计局。

二、主要特点

（一）产业规模持续扩大，产业发展位于全国前列

广东省具有完善的制造业体系，是我国最重要的电子信息制造业集聚区之一，具有强大的制造优势。2019 年，广东省电子信息制造业实现营业收入 43039 亿元，同比增长 3.1%，实现销售产值 41609 亿元，同比增长 5.9%，占广东省规模以上工业企业销售产值的比重为 29.1%，位居全国第一；企业效益大幅提升，2019 年广东省电子信息制造业实现利润总额 2123 亿元，同比增长 17.0%，占全国电子信息制造业利润总额的 42.4%。广东省在超高清视频、新型显示、智能终端和 5G 等电子信息领域的发展均位于全国前列，并占据主导地位。

（二）核心技术取得重大突破，骨干企业竞争能力增强

广东省电子信息领域技术创新能力大幅提升，2019 年乐金光电 8.5 代 OLED 面板、广州粤芯 12 英寸等项目成功投产并已实现量产；华为、中兴通讯成为全球 5G 领军企业，2019 年华为获得 5G 商用合同已超过 60 个，5G 基站发货数量超过 50 万个；截至 2019 年年底，华为全球共持有有效授权专利 85000 多件，其中中国有效授权专利 30000 多件，且 90%以上为发明专利。中兴通讯拥有全球专利申请量 7.4 万件，已授权专利超过 3.4 万件，连续 9 年稳居 PCT 国际专利申请全球前五，2019 年获得 46 个 5G 商用合同。海思半导体的麒麟 990 芯片是全球首款集成了 5G 基带并采用 7nm 制造工艺的处理器，综合性能超过高通骁龙 855；中兴通讯正在研发 5nm 的 5G 芯片。京信通信是国内小基站行业的领军企业，已成为中国最大的无线通信解决方案供应商。广东省积极打造世界级电子信息龙头企业，拥有一批实力强劲的电子信息骨干企业，2019 年，华为、OPPO、vivo 3 家企业入围全球前五大智能手机厂商，27 家企业入围 2019 年中国电子信息百强企业（见表 3）。海思半导体、中兴微电子、汇顶科技等集成电路设计企业具有全国领先实力。

表 3　2019 年中国电子信息百强企业（广东）入选企业名单

序号	排名	公司名称
1	1	华为技术有限公司
2	6	比亚迪股份有限公司
3	10	TCL 集团股份有限公司
4	13	中兴通讯股份有限公司
5	21	康佳集团股份有限公司
6	23	欧菲光集团股份有限公司

（续表）

序号	排名	公司名称
7	27	创维集团有限公司
8	32	天马微电子股份有限公司
9	40	广东德赛集团有限公司
10	42	深圳华强集团有限公司
11	43	欣旺达电子股份有限公司
12	52	深圳市大疆创新科技有限公司
13	53	深圳三诺投资控股有限公司
14	55	广州视源电子科技股份有限公司
15	56	广州无线电集团有限公司
16	61	普联技术有限公司
17	65	广东生益科技股份有限公司
18	66	深圳市兆驰股份有限公司
19	69	惠科股份有限公司
20	71	华讯方舟科技有限公司
21	74	深圳传音制造有限公司
22	82	深圳共进电子股份有限公司
23	83	深圳市泰衡诺科技有限公司
24	85	深圳市长盈精密技术股份有限公司
25	95	深南电路股份有限公司
26	97	深圳市新天下集团有限公司
27	98	海能达通信股份有限公司

资料来源：中国电子信息行业联合会。

（三）产业结构持续优化，培育发展新动能

广东省紧密结合行业发展形势，助推新业态、新模式、新应用蓬勃有序发展，不断优化产业结构。2019 年 5 月 9 日，广东省成功举办 2019 世界超高清视频（4K/8K）产业发展大会，会上启动全国唯一的“超高清视频产业发展试验区”建设，开展先行先试，为全国做出示范。广东省政府出台《广东省超高清视频产业发展行动计划（2019—2022 年）》《广东省加快 5G 产业发展行动计划（2019—2022 年）》等政策文件，培育发展超高清视频、5G、智慧家庭、虚拟现实等产业新兴增长点，丰富产品和服务供给，积极拓展信息产业发展空间。引导和支持手机、彩电、计算机等传统消费电子行业加快网络化、智能化转型升级，不断提升行业发展质量。

（四）做好电子信息行业管理工作

一是积极发动广东省各地市工信局和企业申报国家第一批印制电路板行业规范公告，指导企业做好申报准备和现场考察，推动 3 家企业入围工业和信息化部第一批印制电路板行业规范公告，占入围企业总数的 42.9%，居全国第一位。二是做好工业和信息化部第三批智慧健康养老试点示范申报，推动惠州市和越秀区入围示范基地、10 个街道入围示范街道、2 家企业入围示范企业，入围数量位居全国第二。三是做好行业监测统计，在全国率先开展电子

信息运行监测子系统迁移试点工作，重点联系企业名单从 80 家增加到 106 家，确保产业链重点环节、重点领域、重点产品均有龙头企业纳入监测范围，增强统计监测的全面性和代表性。

（五）产业集聚效应显著，整体布局基本形成

广东省着力打造珠江东岸电子信息产业带，深圳、东莞、惠州、河源、汕尾五市优势互补、协同发展。2019 年，珠江东岸五市电子信息制造业工业增加值总和达 8052 亿元，占广东省电子信息制造业工业增加值的比重为 87.3%，形成了“深莞惠河智能终端产业集聚区”“广深惠新型显示产业集聚区”“广深珠集成电路产业集聚区”三大集聚区。广州、深圳两市创建中国软件名城，两市软件产业规模占广东省软件产业的 90%以上，集聚效应凸显。广东省电子信息产业基本形成以珠江东岸电子信息产业带为制造核心，广州、深圳两地为软件核心的整体产业布局。

三、存在的问题

（一）产业链“卡脖子”问题突出

目前，除海思半导体等少数大型企业能在高端、通用芯片领域有自研产品，可参与全球竞争以外，大多数企业规模小、实力弱，产品处于价值链中低端，关键核心芯片研发设计能力弱，高端芯片 90%依赖进口，可替代性很弱。开发工具软件 90%以上从美国企业采购，光刻机、刻蚀设备、离子注入机等关键设备主要被美国、日本等国家把控；核心原材料基本依赖从国外进口，芯片高端制造、设计工具、关键设备、原材料等方面严重受制于人，存在“断链”风险。

（二）核心技术路线方向不明和持续性投入不足

在半导体关键核心元器件、基础工艺、操作系统等存在不同路线的基础核心领域，长期以来财政资金和项目的支持存在分散、量小、不持续等问题，未能完全适应当前信息领域核心技术全球竞争的强投入、高风险、系统化竞争趋势，难以助力广东省实现从后发追赶到引领发展。

（三）新兴业态亟须培育

目前，全球智能手机的出货量处于下滑状态，叠加经济下行的影响，整个消费电子和服务器市场需求低迷，而汽车电子、5G 通信、超高清视频、物联网等新型需求的总体规模相对较小仍需培育壮大，广东省手机、电子元器件等产品产量增速出现了大幅度下滑。2019 年世界经济增长呈现总体放缓态势，美、欧、日经济增长动力不足，新兴经济体增长势头有所回落，整体出口环境不容乐观。

（四）高端领军人才培养和储备不足

具有重大原始创新能力的科学家和掌握核心技术的高端领军人才尤其匮乏。例如，集成电路制造先进工艺制程的高端人才主要集中在美国等国家和地区。广东省集成电路人才缺口至少达 10 万人。人才培养力度不足，中山大学、华南理工大学等省内高校培养集成电路人才力度小，人才主要靠引进。吸引人才、留住人才困难。由于广东集成电路产业没有形成区域

聚集发展格局，大企业、大平台较少，加上深圳、广州等地房价等生活成本持续增加，对人才的吸引力减弱。

四、下一步工作重点及措施

（一）加快推进新一代电子信息产业集群建设

一是打造“双主”企业，推动稳链、强链、补链、控链。支持华为、中兴通讯等一批产业链“链主型”企业开展强强联合、上下游整合，构建核心技术自主可控的全产业生态。支持风华高科、潮州三环、珠海越亚等一批具有国产化替代潜力的产业链“主导型”企业做强做大，加快推动供应链产品国产化进程。二是引进服务重大项目，补齐集成电路短板。做好重大项目跟踪服务，积极协调推进广州粤芯、珠海英诺赛科等集成电路制造项目争取国家部委“窗口指导”，推动广州粤芯二期项目、中国电科华南电子信息产业园、珠海英诺赛科一期扩建和二期项目筹划、河源众拓光电 5G 高频滤波器等项目建设，指导深圳市盘活中芯国际 12 英寸晶圆生产线、整合鸿芯微纳 EDA 工具软件项目研发。三是支持实施“广东强芯”行动。落实广东省政府半导体及集成电路产业发展政策，支持实施“广东强芯”行动。

（二）进一步发展超高清视频产业

出台实施《广东省培育超高清视频产业集群加快建设超高清视频产业发展试验区行动计划》。继续筹办 2020 世界超高清视频（4K/8K）产业发展大会。支持首批广州、惠州、中山 3 个省超高清视频产业园区重点项目建设，组织第二批园区申报，再创建 2 个左右的园区。推进维信诺全柔 AMOLED 模组、LG（乐金）化学偏光片、超视堺第 10.5 代 TFT-LCD 显示器件生产线、华星光电 11 代线 T7 项目等项目建设。指导广州、佛山、惠州建设世界级超高清视频和智能家电产业集群。指导广州创建超高清视频制造业创新中心，聚集全球超高清视频产业高端资源，打造花果山超高清视频产业特色小镇。2020 年支持建设 100 个以上超高清视频应用示范项目。

（三）加快推动 5G 和智能终端产业创新发展

积极落实《广东省加快 5G 产业发展行动计划（2019—2022 年）》，2020 年评选 2～3 个第二批省市共建 5G 产业园，加快推动广东省 5G 产业集聚发展，力争将粤港澳大湾区打造成万亿元级 5G 产业集聚区。开展 5G 产业深度调研，掌握广东省 5G 重点企业和重点地市发展动态，组织编制广东省 5G 重点企业和重点产品目录。继续举办“中国手机创新周”活动。积极推动东莞将智能移动终端产业集群打造成为国家先进制造业集群。

（四）加快培育壮大新兴产业

建设新基建创新发展工程，以新发展理念为引领，以技术创新为驱动，以信息网络为基础，面向高质量发展需要，提供数字转型、智能升级、融合创新等服务的基础设施体系。夯实电子材料、核心元器件、关键设备等基础产业领域，为新动能提供有力支撑和安全保障。以 5G、智能制造、消费电子转型升级为导向，着力推动软硬融合、制造与服务融合、网络与产品融合，打造产业新兴增长极。探索神经元计算、量子计算等新型计算技术应用。拓展超高清视频、虚拟现实、智慧家庭、智能光伏等新兴产业发展空间。

五、2020 年行业发展形势预判

展望 2020 年，在复杂多变的全球经济贸易和持续推进的国内供给侧结构性改革形势下，以及全球受新冠肺炎疫情的影响，广东省电子信息制造业发展将受到一定的冲击，但产业整体仍将保持平稳增长，预计增长力度将有所减缓。同时，产业发展中存在的不确定因素逐步增加，企业业绩增速将进入换挡期。一是广东省电子信息制造业企业仍受核心技术、元器件、原材料、装备等薄弱环节影响，附加值较低，叠加 2019 年以来行业增速放缓与原材料等企业成本上升等因素，使 2020 年企业经营的不确定性增加，行业利润增速波动短期内难以回暖。二是手机、彩电等传统电子信息领域在缺乏根本性提振因素的背景下，市场规模渐趋下降，企业面临较大的竞争压力。三是在行业结构性转型升级的趋势下，企业将迎接更加艰巨的挑战，技术水平、研发能力、资本实力较弱的企业面临被淘汰的风险。但在 5G、4K/8K 等新技术应用对行业的进一步渗透下，广东省电子信息制造业会保持较平稳发展，但预计增长力度将有所减缓，2020 年广东省电子信息制造业销售产值预计将达到 4.3 万亿元，增速约为 5%。

（注：文中统计数据除注明外，其余均来源于广东省统计局数据或据此测算。）

江苏省

2019 年，江苏省电子信息制造业整体保持平稳增长态势。全省电子信息制造业 2019 年实现主营业务收入 26494 亿元，同比增长 3.4%，增速比上年同期回落 2.8 个百分点；规模以上企业 5080 家，从业人员 286 万人。产业规模占全省工业和全国电子信息制造业的比重分别达到 1/5 和 1/6。光纤光缆、集成电路等产品产量居国内第一位。主要经济指标保持全国第二位。出口交货值保持回升，全年全行业共实现出口交货值 13785 亿元，同比上升 3.8%。

一、基本情况

2019 年江苏省电子信息制造业企业构成情况如表 1 所示。

表 1　2019 年江苏省电子信息制造业企业构成情况

企业类别	企业数（家）
国有企业	2
集体企业	13
股份合作企业	6
股份制企业	3362
外商和中国港、澳、台商投资企业	1637
其他企业	60

（一）主要产品产量四升五降

2019 年，江苏省重点监测的主要产品中有四种产品产量出现增长：太阳能电池产量为 4831 万千瓦，同比增长 26.8%；光电子器件产量为 438 亿只，同比增长 21%；液晶显示屏产量为39147万片，同比增长6.1%；光缆产量为8105万芯千米，同比增长5.7%；集成电路产量为516亿块，同比增长0.6%。产量下降的有：数码照相机产量为250万台，同比下降36.2%；彩色电视机产量为551万台，同比下降17.9%；手机产量为5003万台，同比下降7.7%；微型计算机产量为6032万台，同比下降3.1%，其中笔记本计算机产量为4165万台，同比增长.6%；半导体分立器件产量为1968亿只，同比下降2.8%。

（二）苏南地区占比提升

2019年，苏南地区共实现主营业务收入22015亿元，同比增长3.5%，占全省产业比重为83.1%；苏中地区共实现主营业务收入2926亿元，与上年持平，占全省产业比重为11%；苏北地区共实现主营业务收入1553亿元，同比增长8.4%，占全省产业比重为5.9%。

（三）内资企业增速快于三资企业

2019年，全行业内资企业实现主营业务收入10316亿元，同比增长8.2%，占产业比重为38.9%；三资企业实现主营业务收入16163亿元，占产业比重为61.1%，同比增长0.5%。

二、主要特点

（一）转型升级加快推进

以物联网、新型显示、集成电路、信息通信等为代表的新一代信息技术产业快速发展，产业不断向产业链和价值链的高端攀升。2019年，江苏省新一代信息技术产业同比增长7.1%；集成电路全年实现销售收入（含支撑业）2089亿元，同比增长8.5%，规模居全国第一位；全省物联网产业2019年实现业务收入6036亿元，同比增长7%；全省新型显示核心产业2019年实现主营业务收入约263亿元，同比增长11%。全行业出口依存度逐年下降，2019年达到2%，内资企业实力显著提升，内销市场占比明显提高，产业的内生动力不断增强。

（二）创新能力不断增强

2019年全行业拥有国家认定的企业技术中心13家，省认定企业技术中心284家。在中国电子信息行业联合会发布的2019年中国电子信息百强企业中，亨通集团、中天科技、通鼎集团、南瑞集团、永鼎集团等12家企业上榜。在芯思想研究院发布的2019年中国集成电路产业规模城市排行榜中，无锡、苏州、南通位列10强。2019年全国集成电路制造企业中，无锡SK海力士、华润微电子、和舰科技名列前十；集成电路封装测试企业中，江苏新潮科技、南通华达微电子和海太半导体入围前十。无锡集成电路产业“芯火”创新中心成功获批建设国家“芯火”双创基地。无锡市成功获批全国首个国家级车联网先导区，编制完成《国家级江苏（无锡）车联网先导区创建实施方案》。中国光通信发展与竞争力论坛发布《2019年中国光通信最具综合竞争力企业10强》，亨通光电、中天科技分别名列第三和第六。

（三）区域发展更趋协调

沿江沿沪宁线电子信息产业特色产业集聚发展，形成了无锡物联网、南京集成电路、常州传感器、苏州新型显示等一批国内外知名的特色产业基地和园区，区域品牌优势不断显现。

苏北地区电子信息产业发展较快，2019 年产业规模同比增长 8.41%，占全省产业的比重逐步提升，区域发展更趋协调。

（四）发展后劲进一步增强

计算机通信和其他电子设备制造业全年工业投资增长 56.9%。集成电路等领域内有一批重大项目建成投产，SK 海力士半导体（中国）有限公司无锡第二工厂建成投产，华虹无锡工厂中国第一条 12 英寸 90/55nm 工艺的功率器件生产线投产。

三、主要工作举措

（一）推动重点产业集群培育工作取得新进展

一是制定了集成电路、物联网、新型显示产业集群培育年度工作计划，将重大核心技术攻关、创新能力提升、自主品牌企业培育、平台载体打造等重点工作具体化、项目化、可操作化，召开条线部门集群工作推进会，切实将各项工作举措落到实处。二是指导和推动无锡华进半导体创建特色工艺和先进封装国家制造业创新中心取得进展，制定完善了创新中心的创建方案并通过了专家论证，得到了工业和信息化部的肯定和认可。三是全力做好重点产业集群参加国家先进制造业集群竞赛相关工作，无锡物联网创新促进中心在初赛中胜出，成为全国两家中标入围该领域的促进机构之一。四是强化关键领域核心技术攻关。全面梳理全省集成电路、物联网、新型显示等产业链自主可控发展情况，瞄准薄弱环节和重点领域，明确支持重点，储备和实施 5G 中高频器件、电子级多晶硅、MEMS 先进传感器、Mini-LED 显示等一批重大核心技术攻关项目。五是会同省广电局、省广电总台编制了《江苏省超高清视频产业发展行动计划》，制定了各部门的工作分工，合力推进江苏省超高清视频和新型显示产业发展。六是认真做好陈星莺副省长和刘旸副省长两位省领导挂钩联系重大项目的跟踪服务工作，牵头召开工作会，帮助协调解决项目建设中的困难问题，确保项目建设顺利推进。

（二）推进集成电路产业加快发展

一是与中国半导体行业协会、南京江北新区等单位成功举办世界半导体大会及系列招商活动，支持南京集聚国内外资源要素、打造集成电路地标产业。二是会同省有关单位发起成立江苏疌泉集成电路产业投资有限公司，圆满完成江苏省出资 100 亿元参股国家集成电路产业投资基金二期各项工作。三是组织和筛选南京沁恒科技、扬州扬杰电子等多家省内有意向的企业和项目与国家集成电路产业投资基金进行一对一的对接商谈，达成了初步投资意向；促成南通与国家集成电路产业投资基金合作共建集成电路材料装备产业园，积极争取产业项目落地。四是根据省政府要求，承担与韩国 SK 集团半导体合作小组的中方工作，积极支持和推动其与江苏省在半导体领域的合作，先后组织了两次省内集成电路材料设备企业与无锡 SK 海力士的对接，5 家企业的产品进入 SK 海力士供应链认证环节，19 家企业的产品进入考察环节。与 SK 海力士共同制订了为期 4 周的培训方案和课程计划，完成了面向省内本科院校和高职院学生的 30 名卓越工程师及 80 名产业技术骨干的人才培训。五是会同财政、发改委、税务等部门做好 2019 年度集成电路产业企业所得税优惠政策落实工作，完成了两批 22 家集成电路设计企业税收优惠备案企业的核查。通过举办政策宣讲会、企业调研、项目申报等多种途径，做好国家和江苏省集成电路优惠政策的宣贯。六是指导和支持南京江北集成电路设计服务中心、无锡集成电路设计产业化基地两家国家级“芯火”双创平台完善建设方案，打造一站式集成电路设计服务平台，支撑江苏省集成电路设计产业加快发展。

（三）全力推动全省物联网产业发展再上新台阶

一是与无锡市共同努力，做好世界物联网博览会的各项具体工作，包括世界物联网无锡峰会、物联网应用和产品展览会、物联网新技术新产品新应用成果发布会、10 场高峰论坛和 14 场系列活动，签约 57 个重大产业项目和 57 个产学研合作项目，确保博览会办出水平、办出效果。二是加强与工业和信息化部的沟通对接，积极支持无锡国家传感网创新示范区建设，推动部际建设协调领导小组第五次会议确定的涉及各相关部委的包括车联网先导区建设、国家级医疗大数据中心等在内的 7 个具体支持事项和相关工作落到实处。加快推进以工业赋能为核心的雪浪小镇、以信息传感为核心的慧海湾小镇和以智能应用为核心的鸿山小镇等一批物联网特色小镇建设，带动产业发展。三是进一步梳理和支持先进智能传感器重点企业和潜力企业，加强产业分析和行业研究，以支持省内重点传感器骨干企业发展和推动产用结合为抓手，推动江苏省先进智能传感器产业做大做强。

四、2020 年发展目标和形势展望

2020 年受全球新冠肺炎疫情影响，境外对电子产品、IT 服务、信息消费的需求锐减。由于江苏省电子信息产业出口占比过半、三资企业占比过半，全球性的疫情对江苏省电子信息制造业供应链、产品出口、行业投资及企业复产均带来较大的不确定性。一方面，国际需求下滑、客户订单减少；另一方面，配套供应受阻、物流滞缓、用工紧张，项目建设延缓。为积极应对以上困难，2020 年的工作打算如下。

（一）推进先进制造业产业集群工作

以打造自主可控的产业集群为目标，细化各项工作举措，扎实做好物联网、集成电路、新型显示等产业集群关键领域核心技术攻关、产业链上下游对接配套、重大项目跟踪服务、骨干龙头企业培育等具体工作，支持南京、无锡、苏州重点打造和形成集成电路、物联网、新型显示等一批地标性产业集群。

（二）强化行业运行监测分析

建立健全重点企业联系和监测机制，及时掌握重点地区、重点行业、重点企业的运行情况。创新分析手段，坚持定性分析与定量监测并重，提高监测分析的预见性、科学性和可靠性，力求全方位、宽视野、多角度分析把握行业的总体态势和发展走向。加强调查研究，做好第三代半导体、印制电路板、太阳能光伏等细分领域的分析梳理工作。

（三）做好相关规划的评估和编制

完成“十三五”行业发展规划及有关专题规划的评估工作，启动“十四五”行业发展规划及集成电路、新型显示、物联网等重点细分行业专项规划的研究和编制工作。在工业和信息化部的指导下，会同无锡市开展无锡国家传感网创新示范区新一轮发展规划的编制工作。

（四）推进超高清视频产业发展

会同省广电局、省广电总台组建江苏省超高清视频产业联盟。支持运营商引进 4K 节目内容，打造 4K 超高清示范小区和体验门店。推动“5G+4K”技术在重大活动直播、远程医疗、智能交通等重点领域加快应用。

（五）继续抓好重大核心技术攻关

实施 5G 中高频器、MIMO 天线、高速光收发器件、可变视角液晶显示、12 英寸大硅片、i 线和 KrF 光刻胶、先进封装、MEMS 先进传感器等一批核心技术攻关项目，加强对 2019 年已实施项目的跟踪监管，谋划和储备一批后续攻关项目。

（六）推动集成电路产业高质量发展

跟进国家即将出台的集成电路产业规划政策文件，研究制定江苏省的贯彻落实意见，完善加快江苏省集成电路产业发展的规划政策体系。指导和推动无锡华进半导体整合有关行业资源，创建“特色工艺和先进封装”国家制造业创新中心。深化与无锡 SK 海力士在半导体领域的合作，继续做好产业链合作和人才培训项目。支持南京办好世界半导体大会，打造集成电路地标性产业。

（七）提升物联网产业发展水平

办好 2020 世界物联网博览会。以推进无锡示范区建设为核心，发挥好南京、苏州的支撑作用。在研发环节，强化核心技术攻关，重点对信息传感、数据处理、智能控制等关键环节加大支持；在应用环节，着力加强物联网示范成果和新技术、新产品的推广应用，深化物联网与经济社会各行业的渗透和融合，带动全省物联网产业发展。

（八）增强关键元器件和材料的配套能力

按照工业和信息化部的要求，认真梳理江苏省关键元器件和材料的供给能力，做好重点企业供应链保障工作。在前期基础上组织省内材料和元器件企业与华为、SK 海力士、台积电、龙腾光电、中电熊猫等省内骨干企业协作配套，完善从材料、芯片、器件、整机、系统到应用的产业生态环境，促进产业升级。

湖北省

2019 年，湖北省电子信息产业深入贯彻落实习近平总书记视察湖北重要讲话精神和湖北“一芯两带三区”战略布局的要求，围绕全省工业经济高质量发展的工作部署，始终把转变经济发展方式与战略性新兴产业培育发展紧密结合，坚持创新驱动，切实增强产业核心竞争能力，推动全省电子信息产业质量效益不断提升。

一、基本运行情况

2019 年，湖北省电子信息产业总体呈现平稳较快增长的发展态势。实现主营业务收入

6807 亿元，同比增长 10.0%，比全省规模以上工业增幅高 2.2 个百分点，其中电子信息制造业主营业务收入 4651 亿元，同比增长 5.7%，比全国同行业规模以上企业增幅高 1.2 个百分点。电子信息制造业工业增加值 1303 亿元，同比增长 7.8%，与全省规模以上工业增幅基本持平。电子信息制造业实现利润总额 220 亿元，同比增长 10.2%，比全国同行业规模以上企业和全省规模以上工业增幅分别高出 7.1 个百分点和 6.2 个百分点。中美贸易摩擦严重影响外向型企业营业收入，军运会在武汉市举办造成部分企业停工停产等不利因素给产业增长带来了一定的负面影响，2019 年电子信息制造业主营业务收入逐月同比增幅虽然基本保持平稳，但全年平均增幅相比 2018 年出现了明显下滑。电子信息制造业主要产品产量快速增长，其中锂离子电池同比增长 35.5%，半导体发光二极管同比增长 25.5%，液晶显示器同比增长 24.3%。产业从业人员年平均人数达到 39 万人，同比增长 4.6%。电子信息制造业综合发展指数明显提升，特色鲜明的“芯屏端网”产业集群初具雏形，产业经济逐步进入高质量发展模式。

二、主要发展特点

（一）产业投资稳步增长，加速形成发展新动能

2019 年，全省电子信息制造业固定资产投资进一步加大，投资的增长势头依然强劲，不断增强产业发展动力。随着产业转移步伐加快，加大招商引资力度，产业发展不断涌现新的经济增长点，重大项目建设顺利，投资规模进一步扩大。主要投资项目有：总投资 240 亿美元的武汉国家存储器基地项目一号厂房项目陆续投产量产，32 层三维闪存芯片年初启动量产，良品率超过 90%；64 层制程工艺完成搭建，性能不断提升，良品率超过 75%，9 月正式量产，10 月已实现月产 2 万片的预期目标；128 层产品工艺研发已全部完成，2020 年启动量产。总投资 350 亿元的武汉华星光电技术有限公司（以下简称华星光电）T4 项目厂房建设全部完工，一期设备采购、安装、调试已结束，产能与良品率爬坡、客户开拓顺利，12 月实现量产。总投资约 460 亿元的武汉京东方光电科技有限公司（以下简称京东方）10.5 代薄膜晶体管液晶显示器件生产线项目，厂房建设装修工程完工，陆续进入设备采购、安装、调试阶段，9 月实现产品点亮，第二批设备已完成采购，第三批设备采购已启动，购入的设备正陆续进行搬入安装，12 月实现量产。武汉天马微电子有限公司（以下简称天马）的第 6 代 OLED 显示面板扩产项目 6 月开始设备安装，2020 年第二季度完成安装调试，9 月开始投产。此外，当年规划的中国信息通信科技集团有限公司（以下简称中国信科集团）的光通信移动通信设备 30 亿元项目、湖北容百锂电材料有限公司（以下简称容百锂电）的年产 15000 吨锂电正极材料 20 亿元项目、荆门格林美新材料有限公司（以下简称格林美）的年产 6 万吨动力三元材料用前驱体原料循环再造扩产 15 亿元项目等已经陆续建成完工。

（二）加强科技创新，增强产业竞争实力

湖北省具有科教文化大省优势，科研创新十分踊跃。电子信息企业不断加大研发投入，围绕产业核心关键技术突破积极开展技术创新和科技成果产业化，进一步推进创新联盟建设，取得丰硕的创新成果，产业竞争力得到进一步提升。2019 年，“国家信息光电子制造业创新中心”和“国家数字化设计与制造创新中心”在武汉挂牌成立 1 年多，均取得了一系列科研

成果，研发产品的性能指标达到国际先进水平，有的填补了我国空白，有的打破了国外技术垄断。武汉现在是除北京、上海外，全国第三个拥有两个国家级制造业创新中心的城市，这也成为湖北省招商的新“名片”。无论在国家级还是湖北省的技术发明或科技进步方面，电子行业都有重要地位，所获奖项的数量及等次都是名列前茅的。武汉理工大学独立研发的 1 个电子信息项目获得国家技术发明二等奖；武汉大学、湖北省测绘工程院共同参与研发的 1 个电子信息项目获得国家科技进步一等奖；湖北兴福电子材料有限公司、华中科技大学、武汉大学分别参与研发的 3 个电子信息项目均获得国家科技进步二等奖；华中科技大学、武汉大学等高校及武汉颐光科技有限公司、武汉锐科光纤激光技术股份有限公司、武汉烽火众智数字技术有限责任公司、宜昌南玻光电玻璃有限公司、长飞光纤光缆股份有限公司（以下简称长飞）、华星光电、天马等多家企业，独立或参与研发的电子信息项目共获湖北省自然科学二等奖 2 个、三等奖 1 个，技术发明一等奖 1 个，科技进步特等奖 1 个、一等奖 3 个、二等奖 9 个、三等奖 6 个；光谷技术股份公司、武汉安天信息技术有限责任公司、湖北华威科智能股份有限公司均获湖北省科技型中小企业创新奖。

（三）重点领域和龙头企业取得突破性发展

湖北省电子信息产业正按高质量发展模式不断升级，电子信息制造业重点领域取得了突破性进展。在新型显示领域，中小尺寸显示规模在全国领先，华星光电 T3 项目建成后已开始增长发力，全年收入已经突破 150 亿元，实现翻番增长，T4 项目全部厂房建成完工，2019 年 12 月实现量产；京东方在武汉投资的生产线项目，是湖北单次投资规模最大的显示面板项目，2019 年 12 月实现量产；天马 6 代线扩产项目 2019 年 6 月开始设备安装调试，2020 年第三季度实现量产。当前，国内显示领域“三巨头”已齐聚武汉。在集成电路领域，对长江存储科技有限责任公司（以下简称长江存储）等重点建设项目实施全天候“直通车”服务，全力争取国家基金支持，国家大基金二期 150 亿元出资目前已经落实，并取得董事席位，三维集成创新中心已完成省级半导体三维集成制造创新中心创建，进入国家级制造业创新中心培育期。在智能终端领域，顺应 5G 产品更新换代趋势，重点支持武汉华为科技有限公司、小米武汉总部、鸿富锦精密工业（武汉）有限公司（以下简称富士康）、中国信科集团等一批重点企业，加强高端光电子器件、智慧城市建设等新一代智能产品的研发、制造和示范应用，收效十分显著。龙头骨干企业充分发挥引领支撑作用，中国信科集团、长飞、骆驼集团股份有限公司（以下简称骆驼集团）被评为 2019 年（第 33 届）中国电子信息百强企业；长飞、武汉光迅科技股份有限公司、瀛通通讯股份有限公司、湖北科普达高分子材料股份有限公司、泰晶科技股份有限公司被评为 2019 年（第 32 届）中国电子元件百强企业；一批重点企业营业收入稳步增长，为当地产业发展起到了重要带动作用，2019 年有 6 家电子信息制造企业销售产值超过百亿元，中国信科集团、摩托罗拉（武汉）移动技术通信有限公司、富士康、华星光电、骆驼集团、湖北凯乐科技股份有限公司销售产值分别达到 433 亿元、362 亿元、266 亿元、151 亿元、143 亿元、119 亿元。

（四）对外贸易继续凸显支撑作用

电子信息制造业进出口贸易在全省各行业中继续保持领先地位，具有重要支撑作用，2019 年行业进口增速仍大幅增长。2019 年，电子信息制造业进入全省进口、出口前 20 名企业的进口、出口总额占全省各行业进口、出口总额的比例分别在 42%和 24%以上。有 11 家电子信息制造企业名列全省进口前 20 名（其中有 6 家位居前 8 名），累计进口 90.12 亿美元，同比增长 29%，高出全省外贸进口总额同比增幅 16 个百分点，占全省外贸进口总额的 42.6%，比上年同期高出 5.3 个百分点，其中，京东方、天马、华星光电、长江存储、富士康累计进口同比增幅分别是 16003.5%、112.6%、102.8%、40.6%、33.5%；有 10 家电子信息制造企业名列全省出口前 20 名（其中有 7 家位居前 7 名），累计出口 89.31 亿美元，同比下降 3.7%，占全省外贸出口总额的 24.8%，其中，华星光电、富士康累计出口同比增幅分别是 170.3%、20.2%；由于受到国际贸易冲突影响，出口增幅多年稳步增长的态势近两年逐步回落，2019 年，进入全省出口前 20 名的 10 家企业出口总额在全省出口总额中的占比，在 2018 年下滑的基础上又回落 2.4 个百分点。在出口企业中，除华星光电的新项目产能释放，出口大幅增长外，其他企业不容乐观，有的微幅增长，有的出现下滑甚至大幅下滑，格林美、长飞全年出口同比降幅分别为 31%、21%。

全省各行业出口超过 5000 万美元的企业有 94 家，电子信息制造企业就有 26 家（其中 10 家位居前 18 名），联想移动通信贸易（武汉）有限公司、富士康、摩托罗拉（武汉）移动技术运营中心有限公司、武汉烽火国际技术有限责任公司、华星光电、武汉新芯集成电路制造有限公司（以下简称新芯）、冠捷显示科技（武汉）有限公司、长飞、格林美、名幸电子（武汉）有限公司全年累计出口创汇分别名列全省出口企业的第一、第二、第三、第四、第五、第六、第七、第十五、第十六、第十八位。湖北省出口电子产品主要包括台式及平板微型计算机、智能手机、集成电路、液晶显示器等。

（五）市（州）产业发展潜力逐步显现

湖北省委、省政府高度重视全省电子信息产业发展，加大政策支持力度，加速推进重大项目建设，积极打造良好营商环境。各市（州）充分发挥地方资源优势，把加快推进电子信息产业发展作为稳增长、促转型的战略选择和重要抓手，尤其在产业集聚、园区建设等方面成效十分显著。武汉在集成电路和新型显示及光通信等领域、襄阳在消费电子领域、宜昌在电子材料领域、荆州在电子元器件领域、黄石在印制电路板领域、随州在光伏电子领域，通过采取招商引资、企业培育和科技创新等举措，推动产业发展初具规模，正朝着集群集约方向迈进，为全省电子信息制造业快速发展锦上添花。全省有 12 个市（州）电子信息制造业保持稳定增长，有 4 个市（州）电子信息制造业主营业务收入同比增幅超过 21%，其中鄂州、黄冈同比增幅分别达到了 84.4 %和 80.4%。武汉在全省产业发展中依然具有重要的支撑作用，电子信息制造业主营业务收入占全省总额的 68.15%。荆州、襄阳的电子信息制造业主营业务收入分别突破 298 亿元和 260 亿元，荆门、宜昌、孝感分别达到 191 亿元、167 亿元、135 亿元，全省电子信息制造业总体呈现稳步增长的良好态势。

三、主要工作举措

（一）强化政府职能，推动“芯屏端网”集群建设

相关部门切实履行了省集成电路发展领导小组办公室的职能，组织召开了全省集成电路产业发展专题座谈会，当好“一芯三屏”等重大项目的“参谋秘书”，实施全天候服务；参与

组织省长调研长江存储并召开现场办公会，解决了公司新增资本金、创新中心建设等问题；积极协调湖北省参与国家集成电路产业基金二期出资，按期完成了湖北向国家集成电路二期150 亿元出资中的首期出资；积极协调了长江存储一期 176 亿元增资，2019 年年底到位 71 亿元，协调并落实了长江存储 38 亿美元银行贷款；加强与国家集成电路基金公司对接，争取“大基金”对湖北省集成电路产业的支持，争取“大基金”将更多项目布局湖北；加强了“芯屏端网”先进产业集群培育，积极引导全省存储器产业与光通信、新型显示、智能终端等优势产业互融，协同产品研发、生产及示范应用，打造芯片—显示—智能终端全产业链生态体系，培育万亿级“芯屏端网”先进产业集群；集成电路、新型显示、下一代信息网络获批国家战略性新兴产业集群。

（二）构建创新体系，增强产业发展动能

加快创新平台建设和技术创新战略联盟建设，着力增强电子信息制造业发展新动力。围绕创新能力建设，推进武汉国家半导体三维集成制造业创新中心设立，完成省级制造业创新中心的授牌。对标工业和信息化部（以下简称工信部）要求，推进制造业创新中心的建设运营工作。引导新芯牵头联合省内外企业及高校，组建“智能三维存算一体芯片”创新联合体，开展计算存储集成领域核心技术创新及产、学、研、用深度融合体制机制创新。组织省内外重点企业成立中国半导体三维集成制造产业联盟和中国存储联盟。

（三）高位谋划项目，加速完善产业链条

围绕电子信息产业生态的培育和产业链条的延伸，重点聚焦龙头企业上下游项目的引进，开创性地组织武汉、襄阳、宜昌、黄石、十堰、黄冈、仙桃等市赴深圳、上海、北京召开电子信息产业链招商对接会，吸引了深圳、上海、北京等地近 400 家知名企业参会，签署合作协议 27 项，获得协议投资 250 多亿元，达成合作意向近 400 亿元。组织相关市经信局和企业赴肯尼亚、南非开拓市场、寻求商机，深受企业好评。组织参加第七届中国电子信息博览会，展示湖北新一代信息技术产业发展成就，推介湖北省电子信息产业。围绕武穴深圳电子信息产业园、宜城消费电子产业园建设和发展，积极做好对接服务。引导地方政府与长江基金、江苏省高科技投资集团等投资平台对接，促进地方电子信息产业发展。积极组织“台湾周”活动，共同举办两岸半导体产业发展论坛，推介湖北省培育打造“芯屏端网”万亿元产业集群。湖北省半导体行业协会积极组织开展半导体产业发展论坛，解读湖北省“一芯驱动”战略，引导企业发展“芯”产业。

（四）聚焦新兴领域，促进产业高质量发展

组织召开新一代信息技术专题会议，大力推进 5G 发展，积极支持北斗导航等核心技术突破与产品创新，建设公共服务平台。积极推动光伏、锂离子电池、印制电路板等行业规范建设，组织企业开展规范公告申报，推动产业转型升级发展。推进智慧健康养老产业发展，积极组织开展智慧健康养老应用试点示范工作，支持开展智慧健康管理类产品研发与推广应用，有 2 个示范基地、5 个示范街道、1 个示范企业纳入国家试点示范。积极开展光伏示范企业和示范项目的申报，推动全省光伏产业发展。积极组织开展“核高基”科技重大专项 2019 年课题申报，获得国家近 1 亿元专项资金支持。积极推进虚拟现实产业发展，组织企业参加虚拟现实产业指导意见宣贯培训活动。

（五）加强运行监测，引导产业持续健康发展

认真贯彻落实全国电子信息产业统计工作会议精神及湖北省《省人民政府办公厅关于进一步加强和改进部门统计工作的通知》要求，创新经济运行监测模式，准确把握监测重点，围绕新的经济增长点做好优质服务，依法依规认真做好行业经济运行监测工作。严格按照工信部信息产业统计调查制度相关规定要求，高质量完成电子信息制造业行业统计 2019 年月报和 2018 年年报工作；组织召开全省电子信息产业 2019 年经济运行分析暨统计工作会议，加强行业统计队伍建设，组织统计工作专业培训；准确把握产业经济运行态势，加强重点企业、重点项目跟踪监测，及时搞好产业发展趋势的预测预警，为领导决策提供可靠依据，切实提高行业运行监测质量水平。

四、2020 年发展目标和形势展望

（一）2020 年发展目标

考虑到新冠肺炎疫情对湖北省电子信息产业产生的严重冲击影响，力争 2020 年全省电子信息制造业全年主营业务收入与 2019 年持平。

（二）2020 年形势展望

从不利因素看，2020 年突如其来的新冠肺炎疫情在武汉暴发，给国民经济建设带来了惨重损失，尤其给湖北省经济发展造成了致命的打击，经济发展下行压力巨大，不稳定、不确定因素明显增多，电子信息产业发展面临更加复杂的形势，产业经济增长将直面空前的压力，企业在前几年中积累的发展红利很可能瞬间就损失殆尽，有的企业将处于无法生存的窘境！

从有利因素看，2020 年是“十三五”发展收官之年，是经济发展大有作为的战略机遇期，随着长江经济带战略深入实施，发达地区电子信息行业向湖北投资转移的步伐加快，省委、省政府深入推进工业强省、创新湖北及“一芯两带三区”区域和产业发展战略等，新冠肺炎疫情控制后政府部门积极出台助力经济发展、为企业解难纾困的各项政策措施，加大产业发展扶持力度，加速推进集成电路产业发展和武汉国家存储器基地等重大项目建设，不断培育新的经济增长点，增强产业发展后劲，这些都将有力推动湖北省电子信息行业健康发展。

综合考虑各种因素，2020 年，预计湖北省电子信息制造业受到疫情冲击后，主要经济指标很难处于合理区间，但产业发展持续向好的基础依然存在，企业如果积极迎难而上、攻坚克难，就仍然有危机中求生存的空间，产业经济运行总体能够保持前低后高、稳步恢复的基本态势。

山东省

一、基本运行情况

（一）运行基本平稳

2019 年，山东省信息技术产业呈现整体平稳增长的态势，增速保持在合理区间范围内。

全年信息技术产业（含电子信息制造业、软件业）实现主营业务收入 8769 亿元，同比增长 6.7%，利润 609.2 亿元，同比增长 5.3%。其中，电子信息制造业实现主营业务收入 3263 亿元，同比下降 6.1%，软件业收入 5506 亿元，同比增长 16%。

（二）产业结构持续调整

得益于云服务、大数据服务、电子商务平台技术服务等的增长支撑，软件业增长趋势良好，在信息技术产业中的占比达到 62.8%，已成为信息技术产业增长的主引擎。电子信息制造业受统计解捆、外资在鲁业务调整和国际贸易等因素影响，收入增长下滑，行业分化明显。重点产品产量方面，以内资企业为主生产的计算机、彩色电视机产量分别同比增长 16.4%和 20.8%；以外资企业为主生产的打印机、手机产量分别同比下降 13.3%和 63.9%。

（三）重点企业实力稳步提升

海尔、海信、浪潮、歌尔 4 家企业入围中国电子信息百强企业。海尔、浪潮、海信、中车四方、中创、东软载波 6 家企业入选中国软件和信息技术服务综合竞争力百强企业。海尔、浪潮入围 10 家国家级双跨工业互联网平台。2019 年以来，浪潮的服务器产量 115.7 万台，同比增长 12%，其中高端、高配置产品及 AI 服务器的增长明显。歌尔引领山东省虚拟现实产业发展，虚拟现实头盔显示器占据全球同类中高端产品 50%以上的市场份额，产销量全球第一，在智能无线耳机迭代升级浪潮下，2019 年实现营收 351 亿元，同比增长 40%。

二、主要运行特点

（一）统计解捆导致电子信息制造业整体数据下滑

2019 年以来，山东省统计局将往年部分重点企业集团数据捆绑申报改为按独立法人实体申报，导致部分集团所属企业被移出统计，但往年的集团基数仍保留，造成增速下滑。特别是海尔、海信等大型集团企业，统计解捆后对整体行业数据增长影响比较大。

（二）自主创新型企业发展迅速

山东省内胶东半岛外资加工贸易大企业较多，随着国际消费电子市场深刻变化，富士康烟台工业园、乐金显示等公司经营效益持续下降，普遍出现 10%以上的负增长。乐金浪潮代工的 LG 品牌手机更是因市场业绩不佳退出中国市场，2019 年年底其烟台厂区已逐步关停，直接导致山东省手机整体产量下滑 60%以上。相比之下，省内注重科技创新的本土中小型企业，如东方电子、山东天岳、睿创微纳等，分别依靠国内智慧城市建设、纳入国家集成电路产业规划布局和承担国家重点项目等步入了发展快车道，东方电子营业收入增长约 30%；山东天岳营业收入同比增长 90%以上；睿创微纳上市科创板，营业收入较 2018 年同期翻番。

（三）贸易摩擦使产业增长面临不确定性

自 2018 年以来，中美贸易战逐步升级，国际局部政治环境更为复杂，对全省电子信息行业负面影响开始显现，很多企业业务受到直接或间接影响。一是部分直接出口美国的电子产品或转移至海外渠道生产规避风险，或面临关税问题，利润被压榨；二是美国对部分元器件、技术和材料实施禁运和封锁，导致我国相关产业链未来面临严重风险，市场悲观预期加剧，投资有收紧趋势；三是间接影响中国与他国开展贸易。美国干涉伊朗的国际贸易导致我国与伊朗的贸易无法结算付款，山东省内部分电子企业不得不放弃其在伊朗的业务。

（四）产业自身依然存在结构性问题

山东省电子信息制造业规模虽然多年位居全国前列，但在全国的影响力偏小，尚未形成与长三角、珠三角相类似的，在全国乃至全世界具备广泛影响力和较强竞争力的产业聚集区。一是产业核心竞争力有待提升。在核心电子元器件、高端芯片等关键领域，龙头企业偏少，产业规模偏小，创新能力不足，研发投入的强度仍待提升。二是产业链协同发展水平不高。产业链上下游企业协作不足，山东省虽然在部分整机制造领域培育了一批领军企业，但是整机企业省内配套带动辐射不足，尚未形成具有较大带动作用的分工协作产业生态。三是高层次创新人才和工程性实用人才缺乏。主要表现为集成电路、虚拟现实等人才密集型产业高端人才匮乏。

三、2019 年主要工作

（一）培育新动能，提升产业发展质量

（1）编制细分领域实施方案，确保专项规划有效落实。山东省在牵头新一代信息技术产业工作专班工作期间，组织省有关厅局共同编制新一代信息技术产业大数据、云计算、工业互联网、高端软件、智能家居、集成电路、虚拟现实和量子科技 8 个细分领域的实施方案。

（2）加速集成电路核心领域布局，引领产业高质量发展。2019 年以来，山东省推动以青岛芯恩（青岛）协同集成电路制造项目为主的集成电路项目加速建设。组织召开全省集成电路重大项目论证会，省委、省政府及全国集成电路领域知名专家对山东省在建/拟建集成电路重大项目技术路线和市场前景进行研究论证。

（3）编制《山东省超高清视频产业发展行动计划（2019—2022 年）》。超高清视频是继视频数字化、高清化之后的新一轮重大技术革新，将带动视频采集、制作、传输、呈现、应用等产业链各环节发生深刻变革。为贯彻落实国家超高清视频产业发展有关部署，山东省工业和信息化厅联合山东省广播电视局、山东省通信管理局、山东广播电视台等单位起草了《山东省加快超高清视频产业发展行动计划》，并在 8 月初凌文副省长主持的专题会议上原则通过。后续经赴广州市、深圳市和青岛市等产业发展具有代表性的地区进行调研，山东省工业和信息化厅与相关行业协会、龙头企业进行了深入交流，经各部门意见征集和会签，于 12 月 16 日以鲁工信电子〔2019〕224 号文件由三部门联合下发。

（4）做好北斗综合应用示范项目申报工作。根据山东省政府要求，山东省工业和信息化厅开展了中国第二代卫星导航系统重大专项（北斗综合应用示范项目）申报工作，立足全省产业优势，组织有关单位编制提交《山东省北斗综合应用示范项目工程可行性研究报告》并通过北斗办专家预审。

（二）抓好培育和管理，夯实产业发展基础

（1）做好智慧健康养老试点示范工作。根据《工业和信息化部办公厅　民政部办公厅　国家卫生健康委员会办公厅关于开展第三批智慧健康养老应用试点示范的通知》（工信厅联电子〔2019〕133号）要求，山东省工业和信息化厅会同山东省民政厅和山东省卫生健康委联合开展第三批智慧健康养老试点示范培育工作，组织三部门联合开展国家第三批智慧健康养老试点示范申报工作。山东省内2家企业、7个街道和2个基地列入国家第三批智慧健康养老试点示范。2019年第四季度，山东省工业和信息化厅联合山东省民政厅、山东省卫生健康委员会启动智慧健康养老省级试点建设工作。

（2）推进智能光伏试点示范工作。山东省智能光伏试点示范是工业和信息化部、住房和城乡建设部、交通运输部、农业农村部、国家能源局、国务院扶贫办印发的《智能光伏产业发展行动计划（2018—2020年）》确定的重点任务，旨在进一步提升我国光伏产业发展质量和效率，加快培育新产品、新业态、新动能，实现光伏智能创新驱动和持续健康发展。8月29日，六部委联合下发了《工业和信息化部办公厅 住房和城乡建设部办公厅 交通运输部办公厅 农业农村部办公厅 国家能源局综合司 国务院扶贫办综合司关于开展智能光伏试点示范的通知》（工信厅联电子〔2019〕200号）。山东省工业和信息化厅会同省住房城乡建设厅、省交通运输厅、省农业农村厅、省能源局、省扶贫开发办公室推荐5家企业、6个项目参与国家评审。

（3）做好经济运行监测工作，打好行业管理工作基础。山东省加强电子信息行业监测分析，对产业新旧动能转换、中美贸易摩擦、重点企业供应链保障等方面工作进行专题调研。做好工业和信息化部2018年年报组织填报和审核工作，调度726家企业填报工业和信息化部年报监测平台并进行审核修订。完成工业和信息化部运行监测协调局布置的各项年鉴、分析、调研材料等编纂任务，落实好山东省工业经济运行指挥部布置的专题调研工作。

（三）提升服务水平，优化产业营商环境

（1）推进产融对接，服务企业融资需求。牵头新一代信息技术产业工作专班工作期间，根据山东省新旧动能转换基金决策委员会第三次会议有关精神，2019年年初面向全省新一代信息技术产业征集筛选了一批新旧动能转换基金储备项目并推荐给山东省新动能基金公司。4月，会同山东省财政厅、山东省发改委组织项目对接会，向60余家机构推荐总投资208亿元的21个优质项目，帮助企业享受新旧动能转换专项金融服务。新旧动能转换基金建设方面，云海大数据基金由浪潮集团牵头组建，首期募资规模50亿元，已完成工商注册和基金业协会备案。首期筹资50亿元的京东云计算产业基金正在与基金各方开展协议谈判。

（2）做好儒商大会签约项目等协调服务工作。2018年儒商大会新一代信息技术产业高峰论坛共签约13个项目，总投资约700亿元。根据山东省委、省政府要求，在新一代信息技术产业专班工作期间，每月调度项目进展情况并上报山东省新旧动能转换重大工程推进办公室，及时发现和传递项目推进中的问题和需求，帮助项目工作顺利开展。同时推动各项目逐步安装视频监控系统并接入省市可视化督导服务平台，方便各级领导实时查看项目建设情况。

（3）举办大型行业活动，营造良好发展氛围。山东省新一代信息技术专班承办2019山

东省创新驱动发展院士恳谈会新一代信息技术院士论坛，邀请国内知名院士讲授前沿技术研究和发展理念，促进省内企业对接高端智力资源。指导山东电子学会等举办2019山东省云+数+电力融合发展高峰论坛、2019 山东省人工智能产业应用发展论坛。组织数字经济领域近20家企业参加第三届海外院士青岛行活动，对接海外高端智库资源。山东省工信厅与中国电子学会、山东省大数据局、山东省科学技术协会联合主办2019国际新一代信息技术合作大会，推介信息技术企业和项目。通过举办各类活动，营造产业良好发展氛围，助力产业双招双引，激发产业创新发展活力。

四、2020年发展目标和形势展望

2020年是“十三五”规划收官之年，是承上启下的关键年。山东省电子信息产业将进一步落实《山东省新一代信息技术产业专项规划（2018—2022年）》，做好集成电路、北斗导航、虚拟现实等大项目推进和要素资源协调，积极争取国家层面政策支持，做好与优势领域龙头企业的沟通，推动产业链内配套企业在山东省内聚集。

（一）坚持不懈抓好疫情防控物资保障工作

把好疫情防控第一关，做好疫情防控红外测温仪等重点防疫物资保障工作。一是对红外线人体测温仪生产企业进行全面排查，配合工业和信息化部对重点生产企业运行情况进行监测，全面掌握企业生产运行情况，与工业和信息化部和其他省份多方协调，解决企业遇到的外协工厂复工复产、物料短缺等问题。二是摸清红外体温仪及零部件企业情况，针对关键“卡脖子”物料，分析研判相关企业转产或新建项目的可行性，保障物料供应。

（二）以国家专项带动北斗产业发展

目前，北斗导航全球组网进入冲刺期，山东省积极做好国家北斗综合应用示范项目申报工作，通过项目带动全省北斗产业发展，拓展在交通物流、授时服务等方面的北斗应用，扩大车联网平台应用规模，继续保持单平台终端直连入网数量全国第一的优势。进一步加大力度推动济南、青岛、潍坊等市北斗相关产业园区建设，形成集聚发展态势。

（三）推动超高清视频产业快速发展

一是抓好《山东省超高清视频产业发展行动计划（2019—2022 年）》的贯彻落实，促进超高清视频产业链条式发展。成立山东超高清视频产业联盟，支持山东海看网络公司牵头建设超高清视频技术创新展示体验中心，推动形成4K应用发展良好氛围，改善用户4K使用体验。二是开展应用示范，实现4K/8K超高清视频与5G协同发展。在济南、青岛两市率先开展应用示范，选取一定范围的社区优先配置资源，整合各方面力量推动4K电视应用，争取示范区用户电视机全面替换为4K电视机，为用户提供4K直播、点播、时移、回看、在线教育、医疗保健、电视商城、电视游戏及互联网接入等服务，带动产业加快发展。

（四）聚力做强虚拟现实产业

进一步做强VR产业，争取进入国家领域的第一梯队。2020年，重点建设1～2个VR

应用项目、1～2 个 VR 实训基地，举办 1～2 次 VR 应用大赛。依托青岛、潍坊等市在 VR 头戴式显示设备、一体机、软件开发应用等方面的特色优势，重点攻克近眼显示、感知交互、信息处理等一批 VR 关键技术。加快推动 VR 技术在制造研发、装配、检修、文化、医疗、培训等环节的应用。

（五）下大力气发展集成电路产业

学习借鉴广东、江苏等省发展集成电路的经验做法，推进集成电路产业链加快建设，联合龙头企业成立集成电路封测技术研究院。推进济南国家集成电路设计产业化基地、“青岛芯谷”集成电路产业基地加快发展。支持山东省内高校加强集成电路学科建设，开展集成电路校园公益讲座，在重点企业建设实训基地，培养挖掘集成电路优秀人才。

（六）发挥信息技术智慧应用示范带动效应

进一步做好国家智慧健康养老产品及服务推广目录的遴选和推荐工作，集中力量有针对性地培育一批具备带头引领作用的试点示范企业，与山东省民政厅、山东省卫健委等部门加强研究和沟通，争取在有关规划和资金上优先支持智慧健康养老产业，鼓励相关基金投资入股智慧健康养老产业，推动示范社区和基地的培育，全面推进智慧健康养老产业发展，争取产业逐步走向全国前列。

陕西省

2019 年，陕西省电子信息制造业贯彻制造强省战略，以集成电路、太阳能光伏、智能终端、平板显示等产业为重点，积极开展稳增长、调结构、促效益工作，省内电子信息制造业保持平稳、快速增长。

一、基本运行情况

2019 年，陕西省电子信息制造业规模以上企业 277 家，实现主营业务收入 1581 亿元，全国排名第 16 位，同比增长 19.5%，利润总额 108.6 亿元。其中，计算机、通信和其他电子设备制造业实现产值 1341 亿元，占全省工业总产值的 5%，产值增速为 26.4%，较 2018 年同期提高 19.8 个百分点；增加值增速为 18%，较 2018 年同期下降 2.2 个百分点。在主要产品中，生产集成电路原片 143.3 万片，同比下降 4.5%；生产电子元件 102 亿只，同比增长 12.8%；生产太阳能电池 1047 万千瓦，同比增长 22.1%。

二、主要发展特点

（一）集成电路产业

陕西省集成电路产业经过多年的发展，产业应用涉及 5G 通信、新能源汽车、人工智能、计算机、电源与功率电路等多个领域，已经初步形成了制造业快速发展，设计业与封装测试业相互依存、协调发展的产业格局。

1. 集成电路设计领域

陕西省拥有超过100家集成电路设计企业，2019年全省集成电路设计业规模达到100.9亿元，同比增长29.6%。其中，销售超过1亿元的企业10家，超过10亿元的企业2家；产品涵盖通信、计算机、多媒体、射频、电源与功率电路、卫星导航等多个领域，存储器、通信芯片、光电子和功率器件等技术处于国内领先水平，最高设计水平达到7nm，正在进行10nm工艺平台的SoC芯片设计研发工作，该工艺平台全球领先。

2. 晶圆制造领域

2019年，陕西省集成电路制造业规模达到524亿元，同比增长85%。其中，有晶圆制造企业8家；三星（中国）半导体有限公司一期项目月产12英寸晶圆13万片，2019年产值513亿元（含制造与封装）。总投资70亿美元的三星芯片二期项目第一阶段已具备量产能力，2020年8月实现满产；二期项目第二阶段投资80亿美元已于2019年12月正式启动。西安西岳电子技术有限公司6英寸集成电路生产线月产能达到2万片，具有BiCMOS、CMOS、SOI、双极等多项工艺，航天产品的抗辐射能力国内领先。在功率器件制造方面，西安卫光科技有限公司线宽为0.35μm的6英寸芯片生产线月产能达到1.6万片。

3. 封装测试领域

陕西省现有封装测试企业13家，2019年全省封装测试业规模达到115.6亿元，同比增长9.31%。华天科技（西安）有限公司年产能为23亿块，CP测试能力为1万片/月。力成半导体（西安）有限公司产能为1.2亿片/月，主要为美光提供封装。美光半导体（西安）有限责任公司集成电路芯片测试产能超过1亿片/月，内存模块生产产能为400万块/月。

4. 分立器件领域

2019年陕西省半导体分立器件产业实现销售收入70亿元，同比增长15.5%。主要产品包括：西安永电和电力电子所的6500V以上等级的高压IGBT、西安芯派的全系列大功率场效应管MOSFET产品和龙腾半导体的高压超级结场效应管、西安炬光波长从635nm到1550nm的激光器及模块和光纤通信芯片等。

5. 支撑业领域

2019年陕西省半导体设备及材料规模达到153.7亿元，同比下降6.6%，企业数量接近70家。主要的设备企业有应用材料、理工晶科等。陕西省在材料领域已形成从硅材料拉晶、切割、研磨到抛光等环节的完整工艺链，并初具规模，但硅片纯度较低。在三星项目的带动下，空气化工、住化电子、埃地沃兹、浦发真空等70余家国际知名企业相继入驻陕西省，进一步壮大了陕西省集成电路材料制备业。奕斯伟12英寸电子级硅材料基地一期项目建设顺利，建成后将形成50万片/月的生产能力。

（二）太阳能光伏产业

陕西省太阳能光伏产业从2009年起步，已形成了从高纯硅材料、硅棒/硅锭、硅片、电池片、组件、光伏辅材、光伏设备到系统集成和应用的完整产业链。在单晶硅片、单晶电池、光伏玻璃、光伏逆变器等领域有较强竞争力，技术在国内乃至国际都处于领先地位。

2019年陕西省太阳能光伏产业实现产值476亿元，占全国光伏产值的11.6%。在主要产品中，生产多晶硅5941吨，生产硅片34.1GW，生产电池片10.9GW，生产组件16.2GW，生产光伏玻璃9000万平方米，生产逆变器3.9GW。2019年陕西省新增光伏发电装机容量223万千瓦，装机容量位居全国第五，累计装机容量达到939万千瓦。

作为陕西省光伏行业龙头企业的隆基绿能科技股份有限公司，是全球最大的单晶硅光伏产品制造企业，是国际单晶硅片标准的制定者，其生产的单晶电池转换效率居全球第一；特变电工西安电气科技有限公司以技术创新领跑全球电力行业，2019年该公司光伏逆变器全球累计装机容量超过30GW，位列全球前五，TSVG销量量累计突破5GVar，产品应用于1000多座各类光伏电站，业务遍及全球四大洲的20多个国家；彩虹集团的光伏玻璃全球领先，规模跃居全球前三；杨凌美畅新材料股份有限公司是全球领先的金刚石工具制造商，是陕西省首家独角兽企业，其微米级金刚线项目被列为国家“十三五”规划纲要陕西省重大工程项目，金刚线出货量全国第一。

（三）智能终端产业

“十三五”以来，陕西省智能终端产业通过引进中兴通讯、比亚迪等智能终端重大项目，积极支持产业链上下游协作配套，省内智能终端产业得到迅速发展，已形成一定的产业基础和产业集群。

1. 核心芯片研发

拥有一批从事芯片设计的优秀企业，具备三星闪存芯片、英特尔基带芯片、高通射频芯片、龙腾手机屏驱动芯片、芯意手机多媒体芯片、华迅微电子GPS北斗双模芯片、紫光国芯DRAM芯片等高端芯片的研发设计能力。

2. 移动终端设计

聚集了华为、中兴通讯、酷派、易朴通讯、龙旗、闻泰、锐嘉科、TCL、英华达等一批高端设计公司，每年都有数十款智能手机设计定型并投放市场。其中，手机整体方案领先的企业华勤集团、锐嘉科集团均已在西安设立研发中心；华为与中兴通讯在西安的研发人员已超过1万人，专注手机研发的技术人员有数千余人，相应研发机型的手机出货数千万部。

3. 智能手机生产

中兴通讯在西安实施了大规模产业转移，智能终端制造基地落户西安，已达到年产4000万部的生产能力；同时，从事整机代工生产的比亚迪高端智能终端生产项目已建成年产1000万部手机的生产能力，预计到2023年，随着比亚迪高端智能终端产业园项目的建成投产，陕西省内智能终端产业将形成1亿部/年的生产规模。此外，涵盖PCBA设计、SMT贴片、机壳注塑、组装等业务的台湾崧虹，LCD模组企业龙腾光电，电池生产企业威力克，基站及手机天线龙头企业摩比天线，PCB生产企业深圳金佰泽，五金塑胶件生产企业深圳科达利，国内通信设备测试龙头企业星河亮点，以及提供手机测试服务的台湾晶复、耕兴等也都已在陕西省设立公司。

4. 智能终端应用

一批优秀企业、优秀产品正在抢占市场制高点。典型产品有泰为软件公司基于移动互联网LBS陌生交友的“兜兜友”、极客软件公司的“文件大师”、瑜乐软件科技的“每日瑜珈”等。

（四）平板显示产业

陕西省在平板显示产业链中，上游有彩虹集团的 TFT-LCD 玻璃基板、西安瑞联公司的液晶材料、偏转集团的液晶显示器线路覆铜板项目、西京集团的 LED 背光项目，以及为 G8.6 面板线就近配套的彩膜、偏光片、光学膜、湿化学品等；中游有咸阳彩虹光电科技公司的 G8.6 面板项目；下游有全球最大的液晶显示器制造商——冠捷科技的液晶监视器和大尺寸液晶电视 OEM 项目，以及中兴通讯手机制造工厂和比亚迪（电子）手机代工生产线等。

三、存在的主要问题

（一）总体规模偏低，产业影响力弱

2019 年，陕西省电子信息制造业实现主营业务收入 1581.2 亿元，约占全国电子信息制造业的 1%，规模偏低，且本土企业规模普遍偏小，行业贡献率偏低，整体竞争实力不强，对整个产业的带动效应不明显。

（二）雄厚的技术储备急待转化

在技术创新上，陕西省众多科研院所实力较强，在部分细分领域处于全国领先水平，但存在着技术方向与市场主流需求结合不紧密、成果转化能力有待提高的问题。

（三）高端人才、适用性人才紧缺

陕西省设有微电子专业的高校和研究机构有 20 多所，年输送毕业生 2 万余人，但高校毕业生与行业适用性人才的要求有距离，集成电路行业高级管理、资金运作、工艺开发等高端人才依然紧缺。

（四）区域内企业相互配套率低

陕西省内各个企业在技术创新、产品生产等方面，横向、纵向合作较少，产业链各环节缺乏协同，未能形成协同发展的合力，系统终端与设计制造没有形成良好的互动，终端系统应用对产业链的带动作用有待体现。

四、2020 年发展目标

2020 年，陕西省电子信息制造业将继续实施集成电路、太阳能光伏、智能终端、平板显示等电子信息产业链推进方案，持续发展壮大电子信息产业集群，力争实现主营业务收入 1800 亿元。集成电路产业竞争力明显提升，存储器、通信芯片、功率器件和第三代半导体设计水平取得突破性发展，制造业规模进一步壮大，封装测试能力和支撑业不断提升；太阳能光伏产业各环节生产技术及产品品质处于领先水平，初步形成上中下游协调配套的全球市场竞争型光伏产业集群；智能终端产业力争打造集研发、制造、销售、物流、售后于一体的智能终端全产业链，打造智能终端及“互联网+”标志性产业基地；平板显示产业重点建设咸阳国家级显示器件产业基地，同时大力支持液晶基板玻璃、液晶材料等关键技术研发和产业化。

五、下一步工作思路

2020 年，陕西省电子信息行业将继续围绕把电子信息打造为新支柱产业这一工作方向，协调推动重大项目建设，提升产业规模、培育创新能力，开展产业协作配套工作，推动电子信息产业发展。

（一）继续推动重大项目建设

继续积极协调推动三星芯片二期、中兴智能终端二期、奕斯伟硅材料产业基地等重点项目的建设，力争尽快建成投产。关注坤同第六代柔性半导体显示屏、比亚迪智能终端生产线扩能等项目的进展，推动形成一批新的产业增长点。

（二）培育骨干企业群体，推动重点产业集群化发展

积极推动集成电路、太阳能光伏、智能终端、平板显示等重点产业链的发展，积极谋划重点项目，开展产业协作配套工作，推动电子信息多个产业集群共同发展。以三星等龙头企业为依托，延伸并拓展产业链，培育配套企业群体，支持有基础的企业做大做强，培育骨干企业群体。

（三）加强产业创新能力培育

围绕国际领先技术进行产业链关键环节研发，以本地企业和高校科研院所为核心，联合陕西省内外产业链上下游知名企业，建立具有影响力的国家制造业创新中心或产业创新中心，开展关键技术研发、成果转化、企业孵化、人才培养，着重培育电子信息产业自主创新能力，打造产业核心竞争力。

（四）实施产业政策，做好行业管理

实施国家电子信息产业政策，开展“十四五”陕西省电子信息制造业发展规划编制工作，指导集成电路、新型平板显示项目开展“窗口指导”申报，组织开展行业规范条件实施，推动行业交流和产业推介。

II 数据

2019年规模以上电子信息

	企业个数	亏损企业数
总　计	**25104**	**5215**
一、按经济类型分列		
国有经济	18	1
股份制经济	19129	3721
外商及中国港、澳、台投资经济	5716	1467
其他经济	202	20
二、大中型工业	6145	1141
三、国有控股企业	858	214
四、私营企业	13228	2319
五、按行业分类		
（一）雷达及配套设备制造	53	9
雷达及配套设备制造	53	9
（二）通信设备制造	2088	566
通信系统设备制造	927	202
通信终端设备制造	1161	364
（三）广播电视设备制造	592	101
广播电视节目制作及发射设备制造	41	6
广播电视接收设备制造	251	45
广播电视专用配件制造	47	8
专业音响设备制造	62	8
应用电视设备及其他广播电视设备制造	191	34
（四）电子计算机制造	2075	397
计算机整机制造	237	51
计算机零部件制造	746	144
计算机外围设备制造	600	115
工业控制计算机及系统制造	58	8
信息安全设备制造	34	6

制造业主要经济指标（一表）

单位：亿元

营业收入	利润总额	平均用工人数（万人）
134019.7	**6168.7**	**1012.2**
90.4	9.2	1.4
73142.5	4006.5	539.0
60554.6	2142.7	467.6
181	10.1	2.1
112182.3	5306.7	807.8
11181.2	364.7	71.6
28788.3	1320.8	250.5
291	24	2
291.0	23.7	2.1
39209	1829	170
14392.1	1300.7	63.8
24817.0	528.5	106.6
1425	100	17
77.7	3.9	0.7
642.5	41.3	8.2
61.0	2.0	1.1
64.6	3.8	1.2
579.1	48.7	5.3
20231	554	124
12818.0	154.9	43.6
3041.2	166.5	42.8
2471.3	110.5	22.0
187.9	16.1	1.6
105.0	12.8	0.7

2019年规模以上电子信息

	企业个数	亏损企业数
其他计算机制造	199	36
幻灯及投影设备制造	63	15
计算器及货币专用设备制造	138	22
（五）非专用视听设备制造	1092	259
电视机制造	195	52
音响设备制造	644	141
影视录放设备制造	253	66
（六）仪器仪表制造业	1106	192
医疗诊断、监护及治疗设备制造	497	96
环境监测专用仪器仪表制造	134	18
运输设备及生产用计数仪表制造	145	23
导航、测绘、气象及海洋专用仪器制造	77	22
农林牧渔专用仪器仪表制造	13	5
地质勘探和地震专用仪器制造	41	6
核子及核辐射测量仪器制造	8	
电子测量仪器制造	191	22
（七）电子和电工机械专用设备制造	865	137
半导体器件专用设备制造	242	34
电子元器件与机电组件设备制造	303	64
其他电子专用设备制造	320	39
（八）电子元件制造电子元件及专用材料制造	6221	1130
电阻电容电感元件制造	1151	171
电子电路制造	1303	253
敏感元件及传感器制造	287	32
电声器件及零件制造	320	59
电子专用材料制造	985	241
其他电子元件制造	2175	374
（九）电子器件制造	5530	1140
电子真空器件制造	440	70

制造业主要经济指标（一表）

单位：亿元

营业收入	利润总额	平均用工人数（万人）
955.5	55.9	7.9
204.8	5.1	1.3
447.3	32.6	4.2
6919	174	48
3993.2	61.9	15.7
1672.6	66.6	22.9
1253.6	45.4	9.3
2123	260	22
1072.2	157.9	11.0
193.0	26.3	1.9
394.9	23.9	3.9
102.0	4.5	1.2
22.7	1.7	0.1
42.2	5.0	0.5
5.3	0.7	0.1
290.8	40.3	3.3
1183	103	14
347.7	35.7	3.5
314.2	18.6	4.4
520.6	48.7	5.6
18307	1182	222
2299.9	169.7	36.5
5633.9	334.3	61.3
862.6	62.5	9.9
492.9	20.3	9.3
3678.4	233.0	26.3
5339.3	361.8	78.3
22779	990	212
889.3	64.0	12.6

	企业个数	亏损企业数
印制电路板制造	388	85
集成电路制造	632	179
电力电子元器件制造	1529	203
显示器件制造	775	186
半导体照明器件制造	329	83
光电子器件制造	821	209
其他电子器件制造	616	125
（十）电气机械和器材制造业	3264	838
微特电机及组件制造	453	54
其他电机制造	370	48
光纤制造	197	48
光缆制造	132	26
锂离子电池制造	1059	337
镍氢电池制造	80	13
光伏设备及元器件制造	973	312
（十一）智能硬件设备制造	739	174
可穿戴智能设备制造	97	18
智能车载设备制造	115	32
智能无人飞行器制造	48	13
服务消费机器人制造	38	10
其他智能消费设备制造	441	101
（十二）其他电子设备制造	1479	272
文化用信息化学品制造	188	42
医学生产用信息化学品制造	33	2
其他电子设备制造	1258	228
六、按省、自治区、直辖市分列		
北京市	373	95
天津市	310	93
河北省	336	56

制造业主要经济指标（一表）

单位：亿元

营业收入	利润总额	平均用工人数（万人）
1189.4	74.8	13.7
4090.8	349.5	29.8
2305.4	186.4	29.8
7827.6	84.9	58.8
851.1	24.5	10.5
3891.0	100.5	33.7
1734.8	105.3	23.5
13401	570	103
959.6	75.4	14.1
778.7	43.2	11.8
519.7	26.5	3.4
585.6	21.3	2.8
5226.5	237.5	42.9
240.7	15.8	2.4
5089.9	150.4	25.6
3709	198	35
877.4	39.7	9.5
487.6	32.4	3.4
289.1	43.9	2.2
70.1	−16.4	0.6
1984.3	99	19.3
4443	184	44
547.2	−10.6	4.1
91.4	9.1	0.4
3804.7	185.6	39.6
3794.8	205.1	10.6
1984.0	73.8	11.8
870.8	50.4	10.0

2019年规模以上电子信息

	企业 个数	亏损 企业数
山西省	70	20
内蒙古自治区	48	20
辽宁省	222	63
吉林省	50	11
黑龙江省	30	2
上海市	674	167
江苏省	3996	928
浙江省	2560	475
安徽省	1020	184
福建省	851	135
江西省	1017	161
山东省	882	243
河南省	518	96
湖北省	709	132
湖南省	936	99
广东省	8220	1762
广西壮族自治区	211	59
海南省	3	1
重庆市	535	72
四川省	811	130
贵州省	277	109
云南省	78	20
西藏自治区		
陕西省	277	44
甘肃省	22	6
青海省	26	15
宁夏回族自治区	22	12
新疆维吾尔自治区	20	5

制造业主要经济指标（一表）

单位：亿元

营业收入	利润总额	平均用工人数（万人）
1070.3	35.2	10.7
200.1	−2.9	1.1
946.2	158.1	7.2
71.7	7.4	0.9
55.0	3.5	1.0
5938.8	216.9	35.0
21910.4	760.0	185.5
7432.7	534.5	65.9
3593.5	130.8	27.3
5919.2	362.9	39.9
4430.2	221.2	40.5
3263.2	114.9	30.0
4497.2	134.9	32.9
3046.4	106.8	22.3
2767.3	151.7	28.1
46973.9	2380.0	357.0
1322.9	67.7	9.2
17.7	−2.5	0.2
4987.5	124.8	26.5
5708.1	141.7	38.0
650.1	7.4	5.0
436.7	38.1	2.6
1581.2	108.6	8.8
117.5	6.5	1.1
120.2	−2.4	1.0
142.4	23.8	1.1
169.9	10.0	1.0

2019年规模以上电子信息

	营业成本	销售费用
总　计	**116229.5**	**3224.8**
一、按经济类型分列		
国有经济	72.4	1.6
股份制经济	60644.7	2421.6
外商及中国港、澳、台投资经济	55311	796.5
其他经济	158	3.7
二、大中型工业	97640.6	2648.6
三、国有控股企业	9320.4	442.3
四、私营企业	24261.9	899.9
五、按行业分类		
（一）雷达及配套设备制造	241	5
雷达及配套设备制造	241.3	4.5
（二）通信设备制造	33533	1254
通信系统设备制造	10484.7	789.9
通信终端设备制造	23047.8	464.0
（三）广播电视设备制造	1178	53
广播电视节目制作及发射设备制造	66.6	2.7
广播电视接收设备制造	527.3	20.6
广播电视专用配件制造	52.7	1.9
专业音响设备制造	53.5	2.0
应用电视设备及其他广播电视设备制造	477.4	25.5
（四）电子计算机制造	18775	296
计算机整机制造	12283.8	143.5
计算机零部件制造	2687.3	42.5
计算机外围设备制造	2200.8	43.4
工业控制计算机及系统制造	150.2	8.7
信息安全设备制造	74.0	3.5

制造业主要经济指标（二表）

单位：亿元

管理费用	财务费用	利息费用
4163.6	**519.3**	**926.4**
4.9	−0.1	0.1
2700.3	444.2	596.9
1446.1	74.3	328.7
6.8	0.7	0.6
3071.8	347.8	774.4
398.0	102.0	161.6
1148.8	130.3	153.6
16	2	3
15.5	1.9	2.9
904	48	241
545.5	67.7	119.5
358.3	−19.9	121.1
58	9	9
3.0	0.3	0.4
25.8	4.7	3.5
3.1	0.3	0.4
3.9		0.2
22.5	3.2	4.4
393	−3	74
147.5	−1.6	51.8
100.6	−1.8	8.8
73.7	2.1	8.2
7.3	−0.4	0.3
4.2	−0.1	0.6

2019年规模以上电子信息

	营业成本	销售费用
其他计算机制造	834.2	25.9
幻灯及投影设备制造	183.4	4.5
计算器及货币专用设备制造	360.8	24.3
（五）非专用视听设备制造	6225	189
电视机制造	3649.0	142.6
音响设备制造	1443.4	29.0
影视录放设备制造	1132.4	17.3
（六）仪器仪表制造业	1451	174
医疗诊断、监护及治疗设备制造	685.9	112.1
环境监测专用仪器仪表制造	128.7	17.9
运输设备及生产用计数仪表制造	306.0	19.0
导航、测绘、气象及海洋专用仪器制造	82.2	3.3
农林牧渔专用仪器仪表制造	18.4	0.6
地质勘探和地震专用仪器制造	29.8	2.1
核子及核辐射测量仪器制造	3.4	0.4
电子测量仪器制造	196.1	18.9
（七）电子和电工机械专用设备制造	895	43
半导体器件专用设备制造	265.5	13.5
电子元器件与机电组件设备制造	256.0	8.2
其他电子专用设备制造	373.9	21.5
（八）电子元件制造电子元件及专用材料制造	15527	339
电阻电容电感元件制造	1923.5	50.1
电子电路制造	4757.6	113.0
敏感元件及传感器制造	722.7	16.7
电声器件及零件制造	426.5	9.0
电子专用材料制造	3211.8	48.2
其他电子元件制造	4484.6	101.5
（九）电子器件制造	19864	368
电子真空器件制造	749.5	16.9

制造业主要经济指标（二表）

单位：亿元

管理费用	财务费用	利息费用
31.3	−2.2	1.8
7.0		0.3
21.5	1.4	2.5
193	28	54
79.0	20.4	44.5
77.3	5.8	5.9
37.1	1.6	4.0
158	5	14
77.7	0.4	5.8
15.2	0.7	1.2
27.2	3.0	3.8
8.1	0.5	0.6
1.2	0.1	0.1
3.5	0.8	1.2
0.9		
24.2	−0.1	1.2
77	33	34
20.4	1.7	2.5
22.9	2.0	1.8
33.8	28.9	29.6
820	70	98
110.6	6.8	10.1
276.8	12.5	28.0
38.5	3.7	4.7
21.8	2.9	2.4
120.0	31.6	34.5
252.4	12.7	18.6
772	168	221
40.5	3.5	4.6

2019年规模以上电子信息

	营业 成本	销售 费用
印制电路板制造	1017.3	19.4
集成电路制造	3376.8	40.6
电力电子元器件制造	1859.6	70.6
显示器件制造	7220.4	89.3
半导体照明器件制造	737.8	17.0
光电子器件制造	3472.2	61.7
其他电子器件制造	1430.5	52.5
（十）电气机械和器材制造业	11633	286
微特电机及组件制造	788.6	22.4
其他电机制造	657.5	19.7
光纤制造	445.0	11.6
光缆制造	516.9	16.6
锂离子电池制造	4507.8	105.9
镍氢电池制造	205.3	3.9
光伏设备及元器件制造	4511.7	105.5
（十一）智能硬件设备制造	3133	109
可穿戴智能设备制造	792.9	9.2
智能车载设备制造	378.8	21.4
智能无人飞行器制造	193.6	9.4
服务消费机器人制造	58.1	6.0
其他智能消费设备制造	1709.4	62.6
（十二）其他电子设备制造	3776	110
文化用信息化学品制造	468.7	13.9
医学生产用信息化学品制造	75.0	3.3
其他电子设备制造	3232.7	93.0
六、按省、自治区、直辖市分列		
北京市	3266.5	186.0
天津市	1776.8	37.6
河北省	703.8	23.5

制造业主要经济指标（二表）

单位：亿元

管理费用	财务费用	利息费用
58.2	9.5	10.4
147.7	28.7	50.7
121.8	13.5	11.7
175.3	57.7	82.5
35.2	8.6	8.8
122.1	36.5	40.4
71.0	10.4	12.1
457	125	141
50.4	8.8	9.6
34.8	4.2	4.4
21.7	5.6	5.9
16.4	15.2	16.3
171.1	41.5	50.4
7.8	1.3	1.5
154.8	48.6	52.4
127	11	14
10.5	−0.1	2.6
18.1	2.3	2.0
12.8	2.9	1.2
17.8	0.6	0.7
68.0	5.3	7.5
188	23	24
24.6	9.5	8.3
2.8	0.3	0.2
160.7	13.3	15.6
123.3	−1.3	24.0
61.1	10.3	13.6
44.1	40.9	42.4

2019年规模以上电子信息

	营业成本	销售费用
山西省	1000.2	3.3
内蒙古自治区	180.4	1.6
辽宁省	724.1	20.2
吉林省	53.8	2.1
黑龙江省	41.9	2.8
上海市	5383.7	74.0
江苏省	19583.8	309.2
浙江省	6070.3	286.3
安徽省	3152.8	71.2
福建省	5115.1	139.8
江西省	3917.3	57.0
山东省	2816.4	87.8
河南省	4230.6	27.6
湖北省	2662.1	79.2
湖南省	2340.9	68.2
广东省	39241.0	1520.9
广西壮族自治区	1230.0	8.6
海南省	16.0	0.3
重庆市	4662.7	44.9
四川省	5215.7	114.3
贵州省	618.6	6.8
云南省	375.5	9.4
西藏自治区		
陕西省	1389.6	34.1
甘肃省	98.7	2.0
青海省	110.7	0.9
宁夏回族自治区	105.7	1.0
新疆维吾尔自治区	144.9	4.1

制造业主要经济指标（二表）

单位：亿元

管理费用	财务费用	利息费用
16.8	0.6	11.9
8.1	3.5	3.4
39.5	8.2	9.8
6.3	0.7	1.0
4.5	0.6	1.1
176.3	6.0	20.5
622.5	130.8	163.5
261.4	47.2	71.1
119.5	28.1	25.8
172.7	16.2	36.4
115.0	32.4	27.4
137.5	22.2	17.1
60.9	9.2	61.1
94.6	14.1	39.7
87.7	13.6	13.7
1677.4	80.6	254.6
18.8	2.4	3.2
1.6	1.4	1.1
85.0	9.4	16.6
136.2	25.6	46.5
15.9	2.4	2.1
9.2	2.3	1.0
46.8	2.5	9.5
5.5	2.2	2.8
5.8	2.3	1.0
4.0	0.8	0.3
5.8	3.9	4.3

2019年规模以上电子信息

	流动资产	应收票据及应收账款	存货
总　计	**92491.3**	**36129.3**	**15689.9**
一、按经济类型分列			
国有经济	130.2	37.3	33.8
股份制经济	55817.4	19470.6	10062.2
外商及中国港、澳、台投资经济	36451.8	16586.1	5576.7
其他经济	75.6	28.2	15.7
二、大中型工业	76071.2	29725.4	12528.5
三、国有控股企业	10909.8	3785.0	2069.2
四、私营企业	18764.0	6843.4	3824.3
五、按行业分类			
（一）雷达及配套设备制造	370	121	73
雷达及配套设备制造	370.2	120.8	73.3
（二）通信设备制造	27444	10210	4587
通信系统设备制造	11951.1	3760.1	2026.1
通信终端设备制造	15493.3	6449.7	2561.2
（三）广播电视设备制造	986	422	181
广播电视节目制作及发射设备制造	42.9	13.4	10.1
广播电视接收设备制造	408.9	193.2	83.7
广播电视专用配件制造	39.3	17.4	9.2
专业音响设备制造	35.6	15.1	7.6
应用电视设备及其他广播电视设备制造	459.4	183.1	70.8
（四）电子计算机制造	10692	5369	1701
计算机整机制造	6089.1	3369.2	829.6
计算机零部件制造	1798.0	919.4	317.8
计算机外围设备制造	1329.8	571.6	251.8
工业控制计算机及系统制造	125.7	48.9	31.1
信息安全设备制造	121.3	28.2	10.9

制造业主要经济指标（三表）

单位：亿元

产成品	资产总计	负债合计	亏损企业亏损总额
5520.7	**141698.3**	**80910.0**	**1321.1**
4.8	172.6	88.4	0.0
3620.3	88190.2	50166.2	778.4
1888.6	53185.9	30574.9	540.5
6.0	126.9	69.6	0.3
4351.6	115880.7	66898.7	932.6
676.7	19844.2	10571.7	352.3
1524.9	27060.5	16463.5	254.6
7	568	312	3
7.3	567.5	312.3	3.4
1535	33424	23629	163
556.9	15511.2	9708.6	50.3
978.3	17912.9	13920.3	112.9
60	1680	833	7
1.7	65.6	30.7	1.1
31.8	611.2	264.3	2.4
3.0	56.7	27.9	0.4
3.4	54.2	29.6	0.6
20.2	892.3	480.2	2.0
530	13606	8659	52
235.2	6830.2	5578.2	5.2
99.0	2484.4	1270.8	24.8
79.4	2100.1	950.6	13.7
11.9	166.2	60.7	0.8
2.8	182.2	73.9	0.8

2019年规模以上电子信息

	流动资产	应收票据及应收账款	存货
其他计算机制造	698.8	272.4	140.4
幻灯及投影设备制造	109.9	36.3	28.7
计算器及货币专用设备制造	418.9	122.9	90.2
（五）非专用视听设备制造	4027	1672	730
电视机制造	2467.7	981.2	415.3
音响设备制造	858.0	375.7	185.4
影视录放设备制造	700.9	315.3	129.7
（六）仪器仪表制造业	2005	636	403
医疗诊断、监护及治疗设备制造	1005.6	284.7	186.7
环境监测专用仪器仪表制造	221.5	75.4	43.7
运输设备及生产用计数仪表制造	307.3	126.9	65.5
导航、测绘、气象及海洋专用仪器制造	91.9	28.7	24.9
农林牧渔专用仪器仪表制造	18.1	4.9	3.8
地质勘探和地震专用仪器制造	54.7	21.0	11.5
核子及核辐射测量仪器制造	5.2	1.5	1.4
电子测量仪器制造	301.1	92.7	65.5
（七）电子和电工机械专用设备制造	1666	444	396
半导体器件专用设备制造	441.6	146.6	112.2
电子元器件与机电组件设备制造	256.6	106.3	65.9
其他电子专用设备制造	967.6	191.2	218.1
（八）电子元件制造电子元件及专用材料制造	11705	4960	1972
电阻电容电感元件制造	1390.9	558.9	275.5
电子电路制造	3643.4	1524.8	542.0
敏感元件及传感器制造	536.6	206.8	113.3
电声器件及零件制造	316.8	138.4	56.2
电子专用材料制造	2592.1	1041.8	406.2
其他电子元件制造	3224.9	1488.9	579.0
（九）电子器件制造	16870	5846	2820
电子真空器件制造	594.4	231.1	89.4

制造业主要经济指标（三表）

单位：亿元

产成品	资产总计	负债合计	亏损企业亏损总额
45.8	1043.8	393.2	2.3
8.2	143.2	55.9	2.2
47.5	656.1	275.6	2.0
280	5585	3524	54
153.9	3372.5	2315.4	38.3
72.2	1332.1	675.9	10.0
53.4	880.2	532.4	6.0
141	3004	1247	17
58.6	1609.3	621.2	9.2
14.8	308.7	129.7	0.7
22.8	455.1	220.2	3.3
8.1	145.1	70.3	2.1
1.0	22.8	10.4	0.1
4.1	92.1	38.9	0.4
0.2	5.7	1.4	
31.7	365.0	154.4	1.4
139	2739	1589	13
47.1	652.7	259.9	4.9
32.5	393.6	221.2	4.6
59.2	1692.9	1108.3	3.2
726	19869	9142	140
116.5	2434.9	963.8	13.3
165.6	5749.9	2839.7	42.4
49.4	796.1	381.6	2.2
25.0	465.3	300.9	4.3
146.6	5431.9	2426.9	42.9
223.2	4990.5	2229.4	34.4
936	33546	16126	507
31.1	979.7	459.3	5.9

2019年规模以上电子信息

	流动资产	应收票据及应收账款	存货
印制电路板制造	805.6	308.8	159.2
集成电路制造	4141.6	1073.5	572.5
电力电子元器件制造	1543.5	736.0	282.1
显示器件制造	5073.8	1648.2	781.0
半导体照明器件制造	811.5	325.8	155.5
光电子器件制造	2633.3	1026.4	458.7
其他电子器件制造	1265.8	496.0	321.1
（十）电气机械和器材制造业	10969	4371	1860
微特电机及组件制造	686.7	279.0	131.0
其他电机制造	487.5	202.1	101.2
光纤制造	452.3	184.1	88.8
光缆制造	491.9	219.8	82.0
锂离子电池制造	4429.1	1724.9	895.9
镍氢电池制造	204.4	54.8	50.0
光伏设备及元器件制造	4217.3	1706.4	511.1
（十一）智能硬件设备制造	2641	932	389
可穿戴智能设备制造	476.6	227.2	82.6
智能车载设备制造	256.6	133.3	58.6
智能无人飞行器制造	279.8	57.0	41.9
服务消费机器人制造	61.0	23.4	15.1
其他智能消费设备制造	1566.7	490.7	190.8
（十二）其他电子设备制造	3117	1148	577
文化用信息化学品制造	500.7	178.0	80.9
医学生产用信息化学品制造	36.5	10.5	9.2
其他电子设备制造	2580.0	959.0	486.8
六、按省、自治区、直辖市分列			
北京市	3757.8	900.9	606.8
天津市	1244.8	494.1	265.3
河北省	1261.0	322.4	178.8

制造业主要经济指标（三表）

单位：亿元

产成品	资产总计	负债合计	亏损企业亏损总额
58.0	1622.6	722.7	10.0
128.9	9434.0	4057.3	113.9
108.9	2260.2	1078.1	13.2
276.9	10772.2	5475.0	196.2
73.0	1457.2	703.2	40.3
165.4	5050.6	2563.2	110.0
93.6	1969.0	1067.1	17.0
780	18383	10758	217
54.5	1157.4	570.8	7.6
41.5	729.9	333.9	3.3
22.0	802.6	349.2	11.8
47.9	989.0	565.4	4.6
373.0	7524.2	4511.9	110.2
20.4	313.7	164.0	1.0
220.2	6865.8	4262.6	78.1
160	4100	2259	47
33.6	594.8	438.1	3.2
26.5	449.8	225.2	6.9
16.5	397.1	158.1	3.4
7.8	82.3	45.2	20.4
75.8	2575.8	1392.1	12.9
227	5196	2833	103
30.3	1039.6	568.2	47.2
1.9	68.1	21.7	
194.6	4088.5	2242.9	55.7
225.7	5619.3	2836.3	43.5
79.3	2139.7	1096.0	23.7
46.7	2627.3	1565.9	20.3

2019年规模以上电子信息

	流动资产	应收票据及应收账款	存货
山西省	1189.5	487.1	95.2
内蒙古自治区	135.9	48.9	28.7
辽宁省	661.2	253.7	126.8
吉林省	92.8	27.3	16.0
黑龙江省	103.4	40.8	28.6
上海市	3496.0	1472.2	588.3
江苏省	13436.0	6097.4	2430.2
浙江省	6171.6	2841.3	1018.5
安徽省	3667.9	1911.2	430.8
福建省	3366.3	1226.7	570.4
江西省	2624.2	1016.5	471.5
山东省	2604.5	836.3	432.0
河南省	3825.9	1632.8	341.9
湖北省	2412.7	1001.9	394.4
湖南省	1430.6	572.1	219.0
广东省	32038.9	11292.4	5987.7
广西壮族自治区	676.1	431.8	81.2
海南省	44.9	30.5	10.4
重庆市	2203.1	925.6	338.6
四川省	3741.1	1427.4	635.3
贵州省	316.5	165.1	62.5
云南省	221.7	95.9	47.3
西藏自治区			
陕西省	1122.2	346.4	185.8
甘肃省	95.9	31.9	18.2
青海省	115.8	53.5	14.6
宁夏回族自治区	179.9	91.7	16.1
新疆维吾尔自治区	253.2	53.3	49.0

制造业主要经济指标（三表）

单位：亿元

产成品	资产总计	负债合计	亏损企业亏损总额
50.6	1469.4	1059.2	2.3
12.5	387.8	207.1	6.3
44.8	1438.4	609.8	10.3
7.0	139.6	57.3	0.4
13.8	182.2	98.7	0.4
187.3	5315.1	2803.5	39.3
897.7	22283.9	11481.9	354.3
428.9	9519.6	4960.6	82.0
165.1	5658.6	3502.3	77.5
197.9	5404.4	2743.6	66.7
173.6	4217.6	2497.3	29.7
174.3	3725.4	2173.0	29.2
113.7	4699.5	3395.4	13.9
113.3	4723.9	2524.2	51.8
78.9	2405.7	1133.7	10.2
2020.6	44578.8	27111.1	338.3
28.6	843.0	569.4	4.5
1.4	72.4	54.1	2.9
117.6	3123.7	2058.7	36.7
213.2	6281.4	4003.7	43.2
19.3	431.1	295.3	7.6
17.6	342.6	179.7	1.3
72.0	2583.4	1108.7	10.9
4.5	337.3	126.6	0.3
4.7	280.7	182.7	11.2
5.0	275.2	124.0	2.3
5.1	591.3	350.3	0.3

2019年电子信息制造业主要产品

产品名称	计量单位	企业个数	年初库存
雷达设备行业产品			
雷达设备制造			
雷达设备制造（A3940）			
1.指挥自动化系统	部	7	65
2.雷达及配套设备	部	35	12610547
通信设备行业产品			
通信设备行业			
一、通信传输设备制造			
1. 光通信设备	部	87	6703947
其中：高速大容量光传输设备（400G/1Tbps）	部	16	83436
2. 卫星通信设备	部	41	454172
其中：北斗全球卫星导航设备	部	15	20933
GPS导航终端	部	10	417199
3. 微波通信设备	部	45	9929728
4. 散射通信设备	部	1	
5. 载波通信设备	部	7	4522
6. 通信导航定向设备	部	13	58365
二、通信交换设备制造			
1. 电话交换机	线	12	114398
其中：工业通信网关	线	6	18304
2. 光交换机	台	6	12985
3. 其他通信交换设备	台	39	1723266
三、移动通信设备制造			
1. 数字蜂窝移动电话系统设备			
1.1 基站及基站控制器	万信道	9	2919
1.2 基站天线	套	26	982886
1.3 其他数字蜂窝移动电话系统设备	套	1	20517
2. 其他移动通信设备	套	69	86023566
四、通信接入设备制造			
1.光纤接入设备			
1.1 无源光网络设备（PON）	线/部	18	13250176
1.2 有源光网络设备（AON）	台	4	1393

生产量、销售量和库存量

本年生产量	全年销售量	企业自用及其他	年末库存	本年实际出口
843	809	5	94	3
102325004	102865123	1230	12069198	8075478
94565997	91155861	840459	9273624	42305012
2013945	1279047	4394	813940	117070
9544241	9671731	970	325712	66945
459827	455359	970	24431	1900
8928722	9056279		289642	64373
158787842	154895448	42812	13779310	98165974
7	7			
117583	118980		3125	70057
389371	426587	350	20799	43000
2190724	2183500		121622	160224
286730	282746		22288	50897
478082	479270		11797	15847
54557818	54039962	31256	2209866	26013103
54333	55236	708	1308	
18050484	17228262	64462	1740645	2238523
950000	751670		218847	
1581825968	1543312827	38648469	85875278	265765438
108828097	105793771	3297625	12986877	42771983
84162	84079		1476	1065

2019年电子信息制造业主要产品

产品名称	计量单位	企业个数	年初库存
其中：高速光接入设备	台	1	4356
2. 其他接入设备	只/对/部/台	23	972599
五、网络设备制造			
1. 路由器	台	28	5874158
2. 二、三层交换机	台	9	594372
3. 无线局域网接入点（AP）	台	4	215358
4. 其他网络设备	台	22	5367102
六、固定通信终端设备制造			
1. 固定通信终端设备制造	部	26	1146503
七、移动通信终端设备			
1. 手机	部	181	52587823
其中：5G手机	部	3	
4K手机	部	7	267401
2. 对讲机	部	9	126314
3. 其他移动通信终端	部	79	410794643
八、通信配套产品和其他通信设备制造			
1. 无线遥控设备	部	7	4177
2. 其他通信设备制造	部	244	70784754
广播电视设备行业			
广播电视设备制造			
一、广播电视节目制作及播控设备制造（C3931）			
1. 音频节目制作和播控设备	部	8	40002
2. 视听节目制作及播控设备			
2.1 广播电视专业录、摄像机及摄像头	部	5	145470
其中：4K广播电视专业录、摄像机及摄像头	部	3	18940
8K广播电视专业录、摄像机及摄像头	部	3	917
2.2 其他视听节目制作及播控设备	部	5	36712
3. 其他广播电视节目制作及播控设备	部	5	26485
二、广播电视发射及传输设备（C3932）			
1. 电视发射设备	部	3	633
2. 卫星电视设备	部	6	271846
3. 有线电视网络设备	部	11	1281802

生产量、销售量和库存量

本年生产量	全年销售量	企业自用及其他	年末库存	本年实际出口
63086	66751		691	
4396832	3822447	45915	1501069	532930
166996158	167151604	31624	5687088	30099374
10174067	10263879	119	504441	3473773
5290064	5233222	154	272046	4441031
192419880	190645478	807	7140697	67063026
10003827	10152979	1085	996266	4560778
1767686013	1723005927	2027824	99294814	562633069
299464	293341		6123	900
22373290	22106960	79842	453889	7351176
2779703	2548005	3459	354553	1208983
3998180781	4120009716	3816387	285140330	1603070204
672190	618116		58251	164092
2511186508	2451318427	10888151	119764683	457043922
524655	495563		69094	91433
2053861	1765415	116490	317426	523180
481252	466094	10266	23832	185836
421459	421537	126	713	
3111062	2713531		434243	67887
168171	159606		35050	2923
12907	12924	1200	−584	5507
10009024	9051231		1229639	7042293
14598664	14507021	300517	1072928	8494253

2019年电子信息制造业主要产品

产品名称	计量单位	企业个数	年初库存
4. 其他广播电视发射及传输设备	部	24	149566
三、应用电视设备及其他广播电视设备制造（C3939）			
1、应用电视设备及其他广播电视设备	部	40	6495360
四、广播电视设备专用配件制造（C3933）			
1. 广播电视设备专用配件	个	21	27177016
电子计算机行业			
电子计算机制造			
一、电子计算机整机制造（D3911）			
1. 计算机工作站	台	12	5507
1.1 高性能计算机	台	10	5429
其中：百亿亿次/秒级高性能计算机	台		
1.2 工作站	台	2	78
2. 微型计算机设备	台	118	28724936
2.1 台式微型计算机	台	34	13122879
2.2 便携式微型计算机			
2.2.1 笔记本计算机	台	42	9165130
其中：二合一笔记本	台	1	20
2.2.2 平板计算机	台	38	2486925
2.3 电子阅读器	台	4	3950002
3. 服务器	台	31	128770
其中：超融合基础架构（HCI）	台		
4. 电子计算机数字式处理部件	台	26	234382
其中：工业控制计算机	台	21	91013
二、电子计算机零部件制造（D3912）			
1. 电子计算机零部件制造	块	234	1264084202
三、电子计算机显示器制造（D3913）			
1. 终端显示设备	台	32	9346615
四、电子计算机外部设备制造（D3914）			
1. 输入设备	台	17	2809231
2. 输出设备	台	26	3582595
3. 外存储设备	台	21	2446748
其中：海量存储设备	台	1	272

生产量、销售量和库存量

本年生产量	全年销售量	企业自用及其他	年末库存	本年实际出口
6259072	5620328	417490	370821	4767943
195126481	193388096	155623	8078122	87745499
222885463	225848927	172291	24041262	84612483
207873	165364	14360	33656	300
207873	165291	14360	33651	300
	73		5	
426815354	427775525	202366	27562399	310718227
168786919	170798332	3018	11108448	157700166
186701319	187716001	104107	8046341	107556305
1697723	1691933	2433	3377	1691933
49823679	48897756	−4759	3417607	33371756
21503437	20363436	100000	4990003	12090000
4912353	4550037	51	491035	2781320
7349272	7364215		219439	1696646
3433288	3448186		76115	1696646
12436746178	10369455128	2125503078	1201259571	4900382111
144467296	143615006	5311570	4887335	80536424
196083493	192032211	40223	6820290	169917860
101554913	101491942	2498	3644857	9429001
94279285	100184980	74226	6167113	67223186
2761	2409		624	

2019年电子信息制造业主要产品

产品名称	计量单位	企业个数	年初库存
4. 阅读机、数据转录及处理机械	台		
5. 其他电子计算机外部设备	台	119	88767083
五、计算机应用产品制造（D3919）			
1. 汽车电子			
1.1 动力总成控制系统	套	12	13073888
1.2 电机控制系统	套	21	75957
1.3 制动防抱死系统（ABS）	套	4	542495
1.4 电子制动力分配系统（EBD）	套	1	1068091
1.5 电驱动控制系统	套	8	1040234
1.6 电机驱动控制系统（新能源）	套	6	1519477
1.7 整车控制系统	套	5	176009
1.8 电池管理系统	套	13	78663
其中：新能源汽车电池管理系统	套	10	36806
1.9 新能源汽车高压电气系统	套	2	10029
1.10 汽车多媒体	套	12	1628698
2. 工业自动控制系统装置制造			
2.1 可编程逻辑控制器（PLC）	套	8	70585
2.2 集散控制系统（DCS）	套	11	165220
2.3 数据采集与监视控制系统（SCADA）	套	17	41636
2.4 远程终端控制系统（RTU）	套	14	15186
2.5 人机接口（HMI）	套	2	26899
2.6 可编程自动化控制器（PAC）	套	8	14281
2.7 其他工控装置	套	23	1960295
3. 其他应用产品			
3.1 5G行业终端	部	4	488165
3.2 摄像头	个	18	74403656
其中：4K摄像头	个	2	66656
8K摄像头	个	2	364433
3.3 其他应用产品	部	40	33188984
六、信息系统安全产品制造（D3915）			
1. 边界防护类设备和系统	套	6	59
2. 数据保护类设备和系统	套	7	7648

生产量、销售量和库存量

本年生产量	全年销售量	企业自用及其他	年末库存	本年实际出口
827991228	838536755	1375095	76846461	485447247
149787279	141702415		21158752	6941614
6246091	6196491		125557	81
5067600	5038372		571723	14372
15634818	15523623		1179286	
11616258	11531286	79380	1045826	1256067
4220482	4489113	5340	1245506	149187
1299140	1349989	25	125135	
38928273	36694129	2143	2310664	80
19363936	18245588		1155154	40
300159	295161	195000	15027	100000
31862473	32086413		1404758	19632912
910915	854240	1	128245	345
6495779	6154838	352	505841	3
168425	186212	82	23767	8511
47169	61401	10	5252	
437682	411660		52921	8
153338	147427		20192	
28767577	28404799	641169	1681904	44948
47149285	46547282	52885	1037283	5762140
445981124	400013873	76	120385471	40017867
393509	340477		119688	69238
25643543	26001353	2	6621	
692140970	703495756	22	21834176	328078460
554999	549976	10	5072	54
63271	61430	235	9254	68

2019年电子信息制造业主要产品

产品名称	计量单位	企业个数	年初库存
3. 安全检测类设备和系统	套	11	4980
4. 安全智能卡类设备和系统	套	21	269913016
5. 密钥管理类设备和系统	套	11	115981
家电行业			
视听设备制造			
一、电视机制造（F3951）			
1. 彩色电视机	台	94	12210286
其中：智能电视	台	21	3502549
其中：4K电视	台	4	47693
8K电视	台	1	
2. 电视接收机顶盒			
2.1 有线电视机顶盒	部	12	746974
其中：4K有线机顶盒	部	3	947256
8K有线机顶盒	部		
2.2 互联网广播机顶盒	部	3	3266258
其中：4K互联网机顶盒	部		
8K互联网机顶盒	部		
2.3 IPTV广播机顶盒	部	1	30000
其中：4KIPTV广播机顶盒	部		
8KIPTV广播机顶盒	部		
2.4 其他机顶盒	部	11	2737962
二、摄、录像、激光视盘机制造（F3953）			
1. 摄、录像、激光视盘机制造	台	28	1838787
三、家用音响电子设备制造（F3952）			
1. 家用音响电子设备制造	台	81	9511199
四、家用电子电器主要配套件制造（F3859）			
1. 家用电子电器主要配套件制	只	168	265014865
电子测量仪器行业			
电子测量仪器制造			
一、电子测量仪器制造（G4028）			
1. 时间频率测量仪器	台	3	174819
2. 电压测量仪器	台	11	13523

生产量、销售量和库存量

本年生产量	全年销售量	企业自用及其他	年末库存	本年实际出口
98561	83638	393	19510	28
801388709	778516355	2358	292783012	582575615
6389773	6459872	2578	43304	495
269303923	265368828	−137439	16778544	120850137
66169009	66847104	−52928	2877382	20138580
3734902	3729274		53321	2245274
330245	330245			
15567369	15729978	11065	573300	8260539
8456147	8590338		813065	
16664563	18188279	4939	1737603	3696740
1740000	1750000		20000	1750000
34830311	34502793	1396	3064084	13643500
35097071	34574502	1208	2360148	17152351
212356495	205817417	426669	15623608	73811174
6754287528	6664805059	5510491	358479446	376414470
2377595	2325621		226793	1678970
390134	381869	31689	16788	45001

2019年电子信息制造业主要产品

产品名称	计量单位	企业个数	年初库存
3. 示波器	台	3	1531
4. 器件参数测量仪器	台	4	6059
5. 元件参数测量仪器	台	3	5642
6. 脉冲测量仪器	台	9	
7. 扫描、频谱波形分析仪器	台		
8. 微波测量仪器	台	4	75
9. 通信测量仪器	台	6	48366
10. 广播电视测量仪器	台	1	5697
11. 超低频测量仪器	台	1	
12. 声学测量仪器	台	1	
13. 干扰场强测量仪	台		
14. 稳压电源	台	18	1668950
15. 记录显示仪	台	7	160212
16. 信号源	台	2	187
17. 功率计	台	2	1184
18. 其他测量仪器	台	115	1853102
19. 电子测量仪器零附件	台	18	1046294
二、医疗电子设备及器械制造（G3581）			
1. 医用电子仪器设备	台	31	9997040
2. 医用超声仪器	台	5	1370
3. 医用激光仪器及设备	台	10	539
4. 医用体外诊断用仪器	台	17	161137
5. 医用高频微波射线核素核磁仪器	台	4	24
6. 中医用仪器	台	2	537
7. 医疗植入无线通信设备	台		
8. 其他医疗电子仪器	台	38	7772657
三、应用电子仪器制造（G4021）			
1. 工业电子应用仪器	台	42	247059
2. 环境监测专用仪器仪表制造	台	45	190261
3. 导航、测绘、气象及海洋专用仪器制造	台	8	53524
4. 地质勘探和地震专用仪器	台	5	191
5. 其他仪器	台	148	1419816

生产量、销售量和库存量

本年生产量	全年销售量	企业自用及其他	年末库存	本年实际出口
48265	48546		1250	26864
647402	90781	532	562148	
3548319	3544839		9122	150000
48876	48876			
8127	7117		1085	2123
191758	194744		45380	769
16728	18881		3544	6320
55296	55296			
24	24			
20536559	21854823	15000	1024334	11981345
2769015	2756568	12000	160659	244388
23626	22972		841	9390
19135	18965		1354	6897
54588678	53721820	77046	2523946	32846825
21879795	21139849	10	1786230	16332985
30431797	31778456	35814	8614567	17546149
2025921	2024920		2371	1927
2567825	2567232		1132	2210
919022	1025568	950	53641	93404
2350	2328		46	91
253612	251121	157	2871	
81077502	83515659	1004739	4329761	30355242
5523709	4397149	112	1354007	914336
6167447	5914756	263081	179871	2059791
578045	568210	570	62789	
3048	3181	1	57	176
33759315	33234137	1336	1949659	9064047

2019年电子信息制造业主要产品

产品名称	计量单位	企业个数	年初库存
6. 电子电表	万只	31	292997
7. 电子专用电表	万只	12	47287
8. 安规仪器	台	1	1350
9. 电化学测试仪器	台	1	
电子工业专用设备行业			
电子工业专用设备制造			
一、电子工业专用设备制造（H3562）			
1. 集成电路制造设备			
1.1 集成电路设计设备	台	23	5899482
1.2 掩模版制造设备	台	1	
1.3 晶圆制造设备	台	3	19507
1.4 晶圆加工设备	台	4	122
1.5 封装设备	台	20	4662
1.6 检测设备	台	17	1248
1.7 工厂设施及相关设备	台	21	16435382
2. 锂离子电池制造设备	台	11	341788
3. 太阳能光伏制造设备			
3.1 晶硅太阳能电池片制造设备	台	17	313683451
3.2 薄膜太阳能电池制造设备	台	2	
4. 平板显示制造设备			
4.1 液晶显示设计设备	台	5	56983
4.2 掩模版制造设备	台		
4.3 玻璃基板制造设备	台	4	478
4.4 阵列制造设备	台	2	
4.5 彩色滤光片制造设备	台		
4.6 成盒工艺设备	台	1	
4.7 模组设备	台	1	1158000
4.8 检测设备	台	4	3
4.9 工厂设施相关其他设备	台	12	
4.10 OLED专用制造设备	台	5	1155
4.11 其他显示制造设备	台	12	108264
5. 电子元器件制造设备			

生产量、销售量和库存量

本年生产量	全年销售量	企业自用及其他	年末库存	本年实际出口
6514209	6696221	0	110985	1423938
1386214	1388052	0	45450	1557
5800	5900		1250	2350
33478	33478			
47959697	47817038		6042141	13968251
2	2			
272171	291675	3		232965
323	272	20	153	45
275352	275606	330	4078	52893
8111	7458	100	1801	
32580581	39626718	453	9388792	968695
12800802	12790352		352238	189027
6296354332	6199206281	39528850	371302652	2760853922
110	110			110
11745734	11610261		192456	10979600
2778281	1984868		793891	39
10	10			10
73774000	60693000		1093000	60086070
199	198	3	1	
661200	661200			1
1520842	1002221	433	519343	11
4424810	4383276	783	149015	11

2019年电子信息制造业主要产品

产品名称	计量单位	企业个数	年初库存
5.1 滤波器制造设备	台	4	4568515
5.2 光电子器件制造设备	台	13	31994689
5.3 其他电子元器件制造设备	台	71	514163850
6. 机电组件制造设备	台	43	59278
7. 气候环境模拟和可靠性试验设备	台	11	29
8. 超净空气、高纯水、高纯气体制备设备及电子工厂废气、废水处理、电磁屏蔽设备	台	36	77
9. 电子整机装联设备	台	13	28774
其中：表面贴装（SMT）设备	台	1	
10. 电子通用设备	台	84	280074
二、电子工业专用工具及制造（H3563）			
1. 电子工业模具及齿轮	件	64	43140034
三、其他电子设备制造（H3569）			
1. 其他电子设备	台	641	52996762
电子元件行业			
电子元件制造			
一、电子元件及组件制造（I3981）			
1. 电容器			
1.1 塑料介质电容器			
1.1.1 聚酯膜电容器	万只	13	56690
1.1.2 聚丙烯膜电容器	万只	32	172905
1.1.3 其他塑料介质电容器	万只	11	68799
1.2 瓷介电容器	万只	28	24934666
其中：片式多层瓷介电容器	万只	16	10801028
1.3 电解电容器			
1.3.1 铝电解电容器	万只	49	2658789
其中：片式铝电解电容器	万只	7	31358
1.3.2 钽电解电容器	万只	7	15786004
1.3.3 其他电解电容器	万只	6	102531
1.4 超级电容器	万只	8	100874
1.5 其他电容器	万只	25	1354037
1.6 电容器专用零配件	万只	11	306383
2. 电阻、电位器			

生产量、销售量和库存量

本年生产量	全年销售量	企业自用及其他	年末库存	本年实际出口
2713913	2472786		4809642	1023540
1493627377	162179149	78	36854539	81887358
677251237	809793207	9785088	356608625	44640074
10918428	10899879	1192	76635	44334
978052	977993	9	79	51
6336267	6336293		51	1036
131489	134911		25352	89
6385956	6448549	7280	390203	877147
268242534	288078964	127450	23176154	134855192
595466616	570401905	184938	78360578	165992519
342164	340528		58326	94857
698358	695382		175881	289801
501350	447641	38018	84490	12012
310670153	304865290	363480	30376048	171864726
241833483	234297187	5732	18331591	116209698
108197310	67869188	95535	42891376	1941320
273357	276640		28076	159339
63213070	19047999		59951076	111008
78162	79290		101403	150
333848	283705	27661	123356	913
18577964	18957291	76	974634	7941518
2771475	2541243	30000	506615	236692

2019年电子信息制造业主要产品

产品名称	计量单位	企业个数	年初库存
2.1 固定电阻器	万只	30	19711075
其中：片式电阻器	万只	28	9000971
2.2 电位器	万只	7	3148
其中：表面安装电位器	万只		
2.3 电阻电位器专用零配件	万只	14	23562
3. 光电接插元件			
3.1 光连接器	万只	38	23125489
3.2 线束和线缆组件	万只	96	14254705
3.3 光电接插元件专用零配件	万只	31	55549
其中：光纤陶瓷插芯	万只	6	1839
3.4 其他光电接插元件	万只	65	1426126
4. 电控制元件			
4.1 电子继电器			
4.1.1 电磁继电器	万只	21	712231
其中：高压直流继电器	万只	1	32
4.1.2 固态继电器	万只	5	690
4.1.3 其他继电器	万只	6	16104
4.2 斩波器	万只		
4.3 电控制元件专用零部件	万只	97	1570663
5. 磁性材料元件			
5.1 软磁材料元件			
5.1.1 金属软磁元件	万公斤	14	72170
5.1.2 铁氧体软磁元件	万公斤	45	355370
5.2 永磁材料元件	万公斤	76	17423
其中：钕铁硼永磁元件	万公斤	46	5591
5.3 其他磁性材料元件	万公斤	25	5171764
6. 感性元器件			
6.1 电子变压器	万只	135	21892618
6.2 电感器			
6.2.1 片式绕线电感器	万只	34	1142202
6.2.2 叠层电感器	万只	6	295940
6.2.3 其他电感器	万只	61	292374

生产量、销售量和库存量

本年生产量	全年销售量	企业自用及其他	年末库存	本年实际出口
155467846	140002004	15442819	19734096	68417802
89914605	68576458	15425156	14913962	25015622
133291	132262		4177	24111
2441981	2438779	36	26728	37101
292685175	302437903	2162	13370598	241480
194841296	192548571	305	16547125	98109830
43071397	43025774	4340	96832	30568
37412081	37390948		22972	14934
7202634	6499435	23426	2105900	2493519
28052359	23321368	1846	5441376	3215139
357	359		31	
71708	62008		10390	8
297586	237896		75793	24056
17731734	17782699	9824	1510219	4429404
396718	380811		88077	58654
8395386	7927463	8	823284	20876
113092	111949	156	18409	22916
34817	35366	78	4964	7905
39292496	34121832	25	10342403	1431
669991177	641228200	4018	50650769	95246
2317643	3117444	74	342381	1138695
7828627	6851512		1273054	2002413
26025650	26137722	868	179435	725826

产品名称	计量单位	企业个数	年初库存
6.3 磁珠	万只	3	5523
6.4 其他感性器件	万只	10	137840
6.5 感性器件专用零配件	万只	6	1169
7. 电声器件			
7.1 传声器（送话器）	万只	10	22302
其中：无线话筒、传声器	万只	3	10
7.2 受话器	万只	8	24341
7.3 送受话器组合件	万只	3	4345
7.4 扬声器	万只	45	1914154
7.5 音箱、音柱	万只	15	16440
7.6 耳机	万只	33	34899
其中：无线耳机	万只	6	11
7.7 蜂鸣器	万只	10	539909
7.8 电声配件	万只	29	43631
8. 频率元器件			
8.1 频率选择及控制元器件			
8.1.1 压电陶瓷频率元器件	万只	10	29589
8.1.2 压电石英晶体频率元器件	万只	24	189547
8.1.3 介质频率元器件	万只	7	2495
8.1.4 声表面波和体声波频率元器件	万只	3	114971
其中：声表面波滤波器和双工器	万只	2	4014
体声波滤波器和双工器	万只		
8.1.5 硅基频率选择及控制元器件（组件、模块）	万只	1	0
8.1.6 EMI滤波器	万只	4	135
8.1.7 其他频率选择及控制元器件	万只	4	652
8.2 频率收发元器件			
8.2.1 微型射频天线	万只	7	3554
8.2.2 射频ID模块及组件	万只	2	92
8.2.3 其他频率收发元器件	万只	4	2831
8.3 频率元器件专用零配件	万只	16	305317
其中：压电石英晶片	万只	12	14725
9. 电子结构件			

生产量、销售量和库存量

本年生产量	全年销售量	企业自用及其他	年末库存	本年实际出口
111499	111419		5603	1602
1071350	1136153	129	72908	93683
32357	31944	850	732	22645
238974	243935	548	16793	36539
33971	33869		112	11085
147857	155062	30	17106	478
80577	79483	55	5384	50000
24999682	20789342	4898874	1225621	7110511
288634	288724	3	16348	181497
11320973	11340091	31	15751	1154739
5152	4508		655	1509
68485850	63485431		5540327	53943291
1466414	3381464	3627	805316	1952882
45125	45570	296	28848	29263
1156905	1216611	2	129840	867558
189052	137134	0	54412	36225
271698	302549	77	84043	9672
90980	87991	77	6926	9672
75	74		1	
6096	4885		1346	
2848	3490		10	1346
578000	551455	15	30083	24665
2027	2081		38	
95589	82025		16396	3084
1572856	1571583		316981	362573
243845	244389		19516	161261

产品名称	计量单位	企业个数	年初库存
9.1 金属结构件	万公斤	38	4934698
9.2 陶瓷结构件	万公斤	13	100903
9.3 其他结构件	万公斤	24	12832
二、电子电路板制造（I3982）			
1. 刚性电子电路板	平方米	156	8243913
2. 挠性电子电路板	平方米	38	27935671
3. 刚–挠性电子电路板	平方米	28	6021370
4. 其他电子电路板	平方米	192	18614922
三、电力电子元件制造（I3824）			
1. 配电器件			
1.1 电力继电器	万只	18	14489
1.2 接触器	万只	20	203658
1.3 断路器	万只	24	291099
1.4 其他配电器件	万只	112	357585221
2. 继电保护装置			
2.1 熔断器	万只	8	149836
2.2 其他继电保护装置	万只	8	3650
3. 配电或电器控制设备专用零件	万只	87	33839999
四、敏感元器件及传感器制造（I3983）			
1. 敏感元器件			
1.1 力敏元器件	万只	3	3653
1.2 压敏元器件	万只	21	30813
1.3 光敏元器件	万只	15	13037
1.4 热敏元器件	万只	27	25437394
1.5 其他敏感元器件	万只	41	253015
2. 传感器			
2.1 MEMS传感器	万只	10	15275457
2.2 光传感器件			
2.2.1 图像传感器件	万只	2	217
2.2.2 红外传感器件	万只	3	7117
2.2.3 光纤传感器件	万只	3	105
2.2.4 环境光传感器件	万只	2	980
2.2.5 激光传感器件	万只	1	2

生产量、销售量和库存量

本年生产量	全年销售量	企业自用及其他	年末库存	本年实际出口
42790691	45060101	1	2665288	28115785
1215622	614687	17	701821	151
1232856	1232826	118	12743	29265
138748641	136967391	−9018	10463681	33619643
141183136	140295563	103404	28709941	106656502
45258375	43999878	701713	6578155	22199249
736488114	702079124	17052654	35971258	71355990
180785	182547		12726	5059
6805184	6702777	69	305996	5501157
4067376	3768769	144744	444953	2038
2439283241	924569327	1506444728	365854408	14020379
1277770	1288929	1850	136827	570513
49440	50642		2448	
454588200	393877757	1967	94548476	1301797
213765	210832		6586	160804
689935	619975	281	100491	111564
1302052	1299489	1067	14533	43768
134994136	124795055	7136	35629339	7273118
4687204	4669045	9472	261701	1526897
104492978	105568410		14200025	37321195
2448	2461		204	1432
38386	40372		5131	2233
44439	44420		124	
1157	1133		1004	832
6	6		2	

产品名称	计量单位	企业个数	年初库存
2.2.6 紫外线传感器件	万只		
2.3 其他传感器	万只	80	267288
电子器件行业			
电子器件制造			
一、真空电子器件制造（J3971）			
1. 电子管	万只	8	26882
2. 真空开关管	万只	13	7264
3. 其他电真空器件	万只	15	238382
4. 真空电子器件零件	万只	21	243325
二、半导体分立器件制造（J3972）			
1. 半导体二极管	万只	149	75854836
2. 半导体三极管	万只	28	226243
3. 小信号晶体管	万只	2	20
4. 功率晶体管	万只	20	234796
三、集成电路制造（J3973）			
1. 集成电路制造			
1.1 硅基集成电路制造			
1.1.1 6英寸及6英寸以下集成电路硅片	万片	33	97109
1.1.2 8英寸集成电路硅片	万片	19	9294
1.1.3 12英寸集成电路硅片	万片	9	701
1.2 光集成电路制造	万片	10	157473
1.3 混合集成电路制造	万片	55	186384
1.4 其他集成电路制造	万片	187	1733938
2. 集成电路封装测试			
2.1 封装			
2.1.1 双列直插形式封装（DIP）/单列直插式封装（SIP）/Z形直插式封装（ZIP）系列	万只	9	190627
其中：3DSIP	万只	1	0
2.1.2 塑料方型扁平式封装（QFP）系列	万只	10	28158
2.1.3 球栅阵列封装（BGA）/格栅阵列封装（PGA）系列	万只	11	29124
2.1.4 晶圆级封装（WLP）/倒片封装（FlipChip）系列	万只	13	32414
2.1.5 其他封装测试系列	万只	31	235889
2.2 测试			

生产量、销售量和库存量

本年生产量	全年销售量	企业自用及其他	年末库存	本年实际出口
6506631	6272203	9614	492101	2948885
107538	85017	932	48471	11705
367875	351799	15864	7475	1215
12075343	11899680	40	414006	1440
5713631	5577420		379536	3593147
229607182	249212657	83372	56186640	56868527
3125879	2933939	102211	315972	247653
253537	253537		20	253507
7492815	7335538	−5744	397816	682127
764059	782967	455	77745	5935
127147	119339	2229	14873	7167
12274	12344		630	166
63463327	60448160	2991983	180657	15064853
2173533	2068609	7754	283554	982512
108234978	101623628	4018145	1651116	7162683
3943715	3829036	0	305305	1408504
0	0	0	0	
1523942	1516742		35357	901169
1104825	1078233	0	55716	496798
645222	653491	1	24144	273041
6499671	6469250	3219211	38517	227792

2019年电子信息制造业主要产品

产品名称	计量单位	企业个数	年初库存
2.2.1 晶圆测试	万只	10	4348
2.2.2 成品测试	万只	8	115508
四、电力电子器件制造（J3824）			
1. 晶闸管	万只	13	2111
2. 绝缘栅极晶体管及模块（IGBT、IGCT）	万只	10	5345
3. 快恢复二极管（FRD）	万只	6	223
4. 肖特基二极管	万只	2	5104
5. 金属氧化物半导体场效应管（MOSFET）器件及模块	万只	7	129225
五、显示器件制造（J3974）			
1. 显示器件			
1.1 液晶面板			
1.1.1 智能手机用面板	万平方米	25	31463
1.1.2 平板电脑用面板	万平方米	4	1047
1.1.3 车载终端用面板	万平方米	9	36
1.1.4 工控系统及医疗设备用面板	万平方米	5	2547
1.1.5 可穿戴用面板	万平方米	2	210
1.1.6 笔记本电脑用面板	万平方米	3	2530
其中：4K笔记本电脑用面板	万平方米		
8K笔记本电脑用面板	万平方米		
1.1.7 显示器用面板	万平方米	11	702322
其中：4K显示器用面板	万平方米		
8K显示器用面板	万平方米		
1.1.8 电视机用面板	万平方米	5	374
其中：4K电视机用面板	万平方米		
8K电视机用面板	万平方米		
1.1.9 商用显示用面板	万平方米		
其中：4K商用显示用面板	万平方米		
8K商用显示用面板	万平方米		
1.1.10 其他显示用面板	万平方米	9	22729759
1.2 液晶显示模组	万套	126	2073580
1.3 有机发光二极管面板			
1.3.1 智能手机用面板	万平方米	3	6991

生产量、销售量和库存量

本年生产量	全年销售量	企业自用及其他	年末库存	本年实际出口
141223	140067	0	5504	27214
2544029	2535419		124118	1838178
27582	23904	1333	4457	1
11859	11815	21	5369	4955
3482	3557		148	
7298	5196		7206	
450893	481140		98979	345
527502	397532	426	161008	1459
11593	11118		1522	20
345860	345870		26	345011
51605	50393		3760	715
2147	1983		374	
10060	9568		3023	43
23542013	23005557	232528	1006251	21996043
15482	15332		524	1908
81979990	87771839	1	16937909	2799359
49524312	48122413	1357645	2117834	8072383
58725	56909	1	8807	7

产品名称	计量单位	企业个数	年初库存
1.3.2 平板电脑用面板	万平方米		
1.3.3 车载终端用面板	万平方米	1	
1.3.4 工控系统及医疗设备用面板	万平方米	1	0
1.3.5 可穿戴用面板	万平方米	2	0
1.3.6 笔记本电脑用面板	万平方米		
1.3.7 显示器用面板	万平方米	3	35
1.3.8 电视机用面板	万平方米	3	1601
1.3.9 商用显示用面板	万平方米		
1.3.10 其他显示用面板	万平方米	3	5000
1.4 有机发光二极管显示模组	万套	6	579
1.5 发光二极管显示器件	万只	42	2261552
1.6 电泳显示器件	万只	1	
1.7 其他显示	万只	30	96244
其中：电子纸	万平方米	2	321
激光显示	万平方米	1	
六、光电子器件制造（J3976）			
1. 光通信器件			
1.1 光通信有源器件	万只	14	25758
1.2 光通信无源器件	万只	16	34885
1.3 光通信模块	万套	11	26831
1.4 光通信子系统	万套		
2. 光照明器件			
2.1 LED照明器件	万只	205	144257184
2.2 OLED照明器件	万只	14	14492
3. 其他光电子器件	万只	167	11966437
七、其他电子器件制造（J3979）			
1. 电子束光电器件	万只	34	2803
2. 半导体光电器件			
2.1 光电探测器件	万只	5	2299
2.2 光电耦合器件	万只	9	796
2.3 电荷耦合器件	万只	1	156
3. 激光器件			

生产量、销售量和库存量

本年生产量	全年销售量	企业自用及其他	年末库存	本年实际出口
29	28		1	
3	3		1	1
7	5	0	2	0
1870	1879	0	26	1409
1600289	1520280		81610	4917
100013	95012		10001	94000
4821	4617	75	708	7
19637161	19290240	−86613	2695085	1134363
2010	1899		111	1752
5000214	4916050	465	179943	95705
785	1102		4	1009
1033	1010		23	
26349882	26220379	1	155260	350430
30914810	30336486	0	613209	2987
674036	666029		34838	288930
572968348	505948983	1882632	209506913	83741242
166017	177643	1	2865	89773
176550145	174217236	4310513	9988832	9032762
28342809	28201635		143978	4791
5996	6524	31	1740	5
170026	164464		6358	158837
1717	1557		316	285

2019年电子信息制造业主要产品

产品名称	计量单位	企业个数	年初库存
3.1 半导体激光器件	万只	17	2526346
3.2 固体激光器件	万只	6	
3.3 其他激光器件	万只	9	2436
4. 光学元器件			
4.1 光学镜片	万只	30	1607344
4.2 光学镜头及镜头模组	万只	21	63591
5. 其他电子器件	万只	553	46967030
电子信息机电产品行业			
电子信息机电产品制造			
一、电子微电机制造（K3813）			
1. 直流微特电动机			
1.1 有刷直流微特电动机	万只	29	1700535
其中：微型振动电机	万只	22	41381
1.2 无刷直流微特电动机	万只	33	1677985
2. 交流微特电动机	万只	42	364376
3. 交直流两用微特电机	万只	23	395467
4. 步进微特电机	万只	9	46278
5. 开关磁阻微特电机	万只	2	59
6. 电源微特电机	万只	7	68
7. 微特电机的专用零组件	万只	32	221381
其中：换向器	万只	7	74911
二、电子电线电缆制造（K3831）			
1. 安装线缆	公里	110	934767
2. 射频电缆	公里	30	60691
3. 软波导	公里	2	8085
4. 综合电缆	公里	254	18895472
5. 通信及电子网络用电缆	公里	113	24904946
6. 电子线材	吨	151	18137068
三、光纤、光缆制造（K3832）			
1. 光纤	公里	37	52276493
其中：特种光纤	公里	4	118035
2. 光缆	芯公里	73	41881189

生产量、销售量和库存量

本年生产量	全年销售量	企业自用及其他	年末库存	本年实际出口
10026522	11310097	47	1242724	81546
8070	8020		50	
88603	88559	1	2479	3047
21731586	22457413	10248	871268	1113662
1198225	1255710	12	6347	165393
3217295427	3016835734	488792	246937540	545957571
35769435	35788904	31	1681036	12645029
8697109	8717489	173	20828	18911
66458452	66204710	−7338	1939068	2036427
27789027	20053882	3	8099518	2823
6717404	6775183	5	337682	1664371
16623	12986		49961	906
983	982		60	
1447	1410		105	580
4007249	4040072	10	188661	277586
680271	694567		60615	7195
8440725	8612185	10000	753315	198385
1092311	1102657		50345	446310
9371	16031		1425	91
269722884	269164504	40245	19414345	2469763
588048860	573958861	35311	38959635	22427177
1134452303	1128410865	60257	24118146	66403686
394919751	325494044	102254051	19448149	9023144
8223674	7879815		461895	
278012733	299860463	514	20032945	34876518

2019年电子信息制造业主要产品

产品名称	计量单位	企业个数	年初库存
其中：海底通信光缆	芯公里	6	
四、电池制造（K3840）			
1. 碱性蓄电池	千伏安时	9	1435185
2. 酸性蓄电池	万kVh	100	23503461
3. 锂离子电池			
3.1 锂离子单体电池（电芯）			
3.1.1 消费类电子产品用	千瓦时	25	1642659786
3.1.2 动力用	千瓦时	21	8781840
3.1.3 储能用	千瓦时	15	339511
3.2 锂离子电池组	千瓦时	79	109697892
4. 原电池	万只	54	2421973
5. 贮备电池	万只	4	15836
6. 物理–化学电源能电源系统	套	1	
7. 燃料电池	千伏安	3	20451
8. 蓄电池充电器	万只	11	175956
9. 电池用材料、设备和配件	平方米	17	57628128
其中：无线电充电发射端设备	平方米		
五、太阳能电池制造（K3825）			
1. 太阳能电池			
1.1 单晶硅电池			
1.1.1 BSF（硅太阳能电池铝背场电池）	千瓦	17	144631
1.1.2 PERC（钝化发射极背面电池）	千瓦	10	83711
1.1.3 HIT（本征薄层的异质结电池）	千瓦		
1.1.4 IBC（叉背接触电池）	千瓦		
1.1.5 N-PERT（N型单晶硅钝化反射极完全扩散电池）	千瓦		
1.1.6 其他单晶硅电池	千瓦	20	440941
1.2 多晶硅电池			
1.2.1 BSF（硅太阳能电池铝背场电池）	千瓦	11	854945
1.2.2 黑硅	千瓦	2	99380
1.2.3 黑硅PERC（黑硅钝化发射极背面电池）	千瓦	1	
1.2.4 其他多晶硅电池	千瓦	22	662631
1.3 其他太阳能电池			

生产量、销售量和库存量

本年生产量	全年销售量	企业自用及其他	年末库存	本年实际出口
65397	60101		5296	
3613820	4901153	326	147526	175446
849637929	697859834	2630	175278927	137115069
1572417829	1682517784	11099	1532548733	852795910
205009034	196164266	83	17626524	356742
149724246	141051331	37110	8975316	349352
1881069800	1726290654	103439921	178413831	743834926
149103329	148377017	286	3147999	3931262
61039	56367		20508	13804
1405	1405			
66148	80632		5967	
4773670	4762280	72	187295	805078
880815779	808506742	5600	129931566	2020496
8416558	8239202	14530	307458	363248
5464674	5267350	82624	198411	1391849
18158420	17873212	189654	536494	1805988
70773258	70115711	1	1512491	7169033
694020	676368		117032	
767572	767572			
22777933	21832472	670237	937855	992087

2019年电子信息制造业主要产品

产品名称	计量单位	企业个数	年初库存
1.3.1 聚光	千瓦	1	
1.3.2 钙钛矿	千瓦		
2. 太阳能电池组件			
2.1 单晶硅电池组件	千瓦	60	5614996
2.2 多晶硅电池组件	千瓦	68	57845627
2.3 薄膜电池组件	千瓦	4	9194
2.4 其他电池组件	千瓦	48	14876916
3. 逆变器			
3.1 集中式逆变器	千瓦	1	
3.2 微型逆变器	千瓦	1	50
3.3 其他逆变器	千瓦	10	175985
电子信息专用材料行业			
一、功能材料制造（L3901）			
1. 半导体材料			
1.1 硅材料			
1.1.1 单晶硅			
1.1.1.1 电子级单晶硅	公斤	20	2425114
1.1.1.2 太阳能级单晶硅	公斤	9	1805983
其中：P型	公斤	8	997805
N型	公斤	7	364166
1.1.2 多晶硅			
1.1.2.1 电子级多晶硅	公斤	20	1956807
1.1.2.2 太阳能级多晶硅	公斤	11	930300
其中：P型	公斤	7	363957
N型	公斤		
1.2 锗材料	公斤	6	61162
1.3 砷化镓材料	公斤	4	1919
1.4 磷化铟材料	公斤	2	2
1.5 碳化硅材料	公斤	5	4096
1.6 氮化镓材料	公斤	1	5413
1.7 其他半导体材料	公斤	32	19831972
2. 发光材料			

生产量、销售量和库存量

本年生产量	全年销售量	企业自用及其他	年末库存	本年实际出口
76691	76295		396	
290770783	290535231	113913	5736635	5887500
928398598	978999431	145930	7101394	14098801
20973	28853		1314	253
241713650	227251877	15012	29667003	431420
200	210		40	
2525558	2432564	9303	259776	747327
135730469	134484138	284949	18815207	3624239
51230526	50730149	20583	59472	2246888
147105163	147342768	2845	10200098	760102
40518534	40587552	9747	8568132	295017
104643809	104446751		2153865	
63203770	59767390	257989	4108691	78500
25056540	25075591		344906	
143755	119689	100	85127	35326
47978	46554	870	2472	1958
2576	2379	154	44	1
652012	654684	107	1316	198
12759	6258		11914	1537
145739930	144760982	3872312	16938608	19357086

2019年电子信息制造业主要产品

产品名称	计量单位	企业个数	年初库存
2.1 发光与显示材料			
2.1.1 LED材料	公斤	6	148903
2.1.2 激光晶体	公斤	1	3
2.1.3 有机发光材料	公斤	4	5973
2.1.4 其他发光材料	公斤	7	270924
2.2 显示材料			
2.2.1 玻璃基板	公斤	11	6132937
2.2.2 液晶材料	公斤	11	93772
2.2.3 偏光片	公斤	7	109917
2.2.4 PI薄膜	公斤	3	397398
2.2.5 驱动芯片	万片	7	5319
2.2.6 其他显示材料	公斤	13	5554729
3. 磁性材料	公斤	19	15132366
4. 压电与声光材料			
4.1 压电材料	公斤	1	1
4.2 声光材料	公斤	2	6599417
5. 电子功能陶瓷材料	公斤	9	1960434
其中：多层瓷介电容器用陶瓷材料	公斤	1	1529991
6. 电能源材料			
6.1 锂电池材料			
6.1.1 正极材料	公斤	25	8231822
6.1.2 负极材料	公斤	14	20496432
6.1.3 隔膜材料	公斤	11	732224
6.1.4 电解液（电解质）	公斤	9	977107
6.2 其他电能源材料	公斤	21	13295590
二、封装与装联材料制造（L3902）			
1. 陶瓷基板材料	公斤	4	193299
2. 覆铜板材料			
2.1 电子绝缘板	公斤	6	1338578
2.2 刚性覆铜板	公斤	23	42779378
2.3 挠性覆铜板	公斤	5	451753
3. 电子铜箔材料	公斤	22	11939110

生产量、销售量和库存量

本年生产量	全年销售量	企业自用及其他	年末库存	本年实际出口
13518601	13152192		515312	454
105	108			
86573	65042	881	26624	12372
1887047	1763807	124660	269504	467938
94662443	96033997	159139	4602244	10540002
676705	688384	6266	75827	60735
1721244	1536252	5080	289829	696273
3863209	3816654		443953	54251
42471	41485	224	6081	972
133771947	130140568		9186108	7760290
692980844	677334865	3002995	27775360	27184739
100	100		1	
21670612	21994418		6275611	1013934
10386426	10435082	40575	1871203	7663
5711717	5889535		1352173	
99359295	100454791	2046	7134279	1119321
101864368	99422007	214	22938693	565016
174956286	151633522	188727	23866262	195955
24474665	23076605		2375167	1089902
178215479	180382839	3632623	7495607	2659358
1463141	1577925	22500	56015	43000
15027169	14758300	12331	1595116	2384
439398005	438843939	1447570	41885874	32919212
6505731	6424127		533357	13438
320582810	322063521	20593	10437752	7215177

2019年电子信息制造业主要产品

产品名称	计量单位	企业个数	年初库存
4. 引线框架材料	公斤	8	1048519
5. 电子焊料	公斤	11	270949
三、工艺与辅助材料制造（L3903）			
1. 湿电子化学品	公斤	4	1745546
2. 电子特种气体	公斤	7	43559
3. PCB用化学品	公斤	1	2191824
4. 光刻胶	公斤	7	437440
其中：显示材料用光刻胶	公斤	2	21802
5. 电子级树脂	公斤	5	39830324
6. 电子浆料	公斤	7	87307
7. 靶材	公斤	12	168245
其中：显示材料用靶材	公斤	3	6257
8. 掩模版	公斤		
其中：显示材料用掩模版	公斤		
9. 其他工艺与辅助材料	公斤	59	50977850
智能硬件设备工业行业			
智能硬件设备制造			
一、可穿戴智能设备制造（M3961）			
1. 智能手部穿戴设备	只	11	4274573
2. 智能健康监测穿戴设备	只		
3. 智能头戴式设备			
3.1 虚拟现实设备	台	1	18769
其中：4K虚拟现实设备	台		
8K虚拟现实设备	台		
3.2 增强现实设备	台	1	156
其中：4K增强现实设备	台		
8K增强现实设备	台		
3.3其他智能头戴式设备	台	1	
4. 其他可穿戴智能设备	台	11	3150488
二、智能车载设备制造（后装）（M3962）			
1. 车机（信息娱乐用中控系统）	套	8	454163
2. 车载诊断系统	套	4	66256

生产量、销售量和库存量

本年生产量	全年销售量	企业自用及其他	年末库存	本年实际出口
5324641	5101405	32920	1238834	1056506
9305518	8934587	433364	208516	98025
56683844	57041194		1388196	6338471
1577370	1573770	2580	44579	384432
20061658	20109561		2143921	11262116
1783142	1720233	330669	169681	1089540
571178	538495	2797	51688	534770
262635248	271525294	16587000	14353278	2018982
26207991	26311513	1479	79162	36752
3176234	3152937	9717	181825	274564
189301	190470	2740	2348	140609
881843203	591070262	1226875	363845283	27535394
64398976	65551674		4049755	17155009
60954	64162	2355	13206	
3564	3685		35	
51240	51000	50	190	
3863571	3664917	16118	3333024	578730
4425600	4382829		496934	1535564
1439850	1480249		25856	

2019年电子信息制造业主要产品

产品名称	计量单位	企业个数	年初库存
3. 智能后视镜及行车记录仪	套	15	122523
4. 车载抬头显示	套		
5. 其他车载设备	套	59	4372636
三、智能无人飞行器制造（M3963）			
1. 旋翼无人飞行器	台	9	2577
2. 固定翼无人飞行器	台	3	10
四、服务消费机器人制造（M3964）			
1. 个人、家庭服务类机器人	台	8	380027
其中：助老助残服务机器人	台		
清洁机器人	台	5	298434
2. 商业服务类机器人	台	17	2144
其中：社会公共服务机器人	台	4	773
教育娱乐机器人	台	4	1090
医疗康复机器人	台	2	
五、智能家居设备制造（M3965）			
1. 智能净水设备	台	3	13334
2. 智能空气净化器	台	4	4081
3. 智能音箱	台	4	123844
4. 其他智能家居设备	台	45	9555623
六、其他智能消费设备制造（M3969）			
1. 智能健康管理设备（非可穿戴）	台	6	230
2. 智能居家养老设备（细分）	台		
3. 智能互动教育设备	台	6	750
4. 其他智能家庭消费设备	台	39	5215013

生产量、销售量和库存量

本年生产量	全年销售量	企业自用及其他	年末库存	本年实际出口
2795620	2784537	1000	132606	1775797
172050358	171895635	245857	4414710	39611907
28258	23812	777	6246	4320
509	503	3	13	
13422631	13267020		535638	6270458
7667760	7676145		290049	6270458
83716	83252	48	3134	3
1485	970		1862	
81612	81708	26	968	
1	1			
401199	396148		18385	
22526	23242		3365	
2054708	2053258	30	125264	1544661
132125997	132643502	114464	8490413	67666347
1008274	1007260	1490	747	959736
59968	59900	100	718	
52444890	51754015	−63141	5969009	23154605

2019年电子信息制造业主要产品分省市产量情况

省市名称	单晶硅（万千克）	多晶硅（万千克）	数码照相机（万台）	通信及电子网络用电缆（万对千米）
总计	33410.2	40639.4	818.6	2582.9
北京市	19			5.9
天津市				24.1
河北省	593.7			11.2
山西省				
内蒙古自治区	12525.2	6616.8		
辽宁省	561.5			11
吉林省				
黑龙江省				
上海市		55.1		19.8
江苏省	1483.8	6481.4	251	547.8
浙江省	329.2	417.7		640.4
安徽省	9.6	776.8		152.1
福建省	1504	18.6	102.8	3.4
江西省	2.4	1185		264.1
山东省	31.4			33.8
河南省	350.1	1453.2		25.2
湖北省				132.1
湖南省		1.5		53.4
广东省			464.8	549.7
广西壮族自治区		10.7		0.3
海南省				
重庆市	0.6			4.6
四川省	18.6	4391.1		100
贵州省				
云南省	7279.9	19.3		0.3
西藏自治区				
陕西省	176.4	1548		3.6
甘肃省				
青海省	399.4	2059.3		
宁夏回族自治区	6120	869.3		
新疆维吾尔自治区	2005.1	14735.4		

2019年电子信息制造业主要产品分省市产量情况

省市名称	光缆（万芯千米）	锂离子电池（万只）	太阳能电池（光伏电池）（万千瓦）
总计	26515.6	1572184.4	12862.1
北京市	210.7		16.1
天津市	506.7	65562.2	62.5
河北省	68.2	3021.3	562.4
山西省	94.6		484.2
内蒙古自治区	0.7		11
辽宁省	631	2545.2	24
吉林省		29.3	
黑龙江省		546.8	
上海市	673.1	6745.6	126.5
江苏省	8105	221369.6	4831
浙江省	3043.4	27717.5	1957.9
安徽省	83.3	35564.3	1110.9
福建省		162565.9	87.1
江西省	99.1	75210.3	794.4
山东省	852	9402.5	58.6
河南省	184.3	122882.7	267.8
湖北省	6055.1	108588	92.1
湖南省	71.3	31394.8	135
广东省	2100.8	473340	320.9
广西壮族自治区		20114.7	
海南省			54.6
重庆市	143.1	48557.2	0.8
四川省	2492.3	75061.9	728.1
贵州省	0.1	17085.9	30.6
云南省		26105.9	
西藏自治区			
陕西省	676.7	37449.6	1046.9
甘肃省	361.9	195.2	0.6
青海省		1128	58.1
宁夏回族自治区			
新疆维吾尔自治区	62.3		

2019年电子信息制造业主要产品分省市产量情况

省市名称	计算机工作站（万台）	微型计算机设备（万台）	笔记本计算机（万台）	平板电脑（万台）
总计	31.3	34163.2	18533.2	10220.2
北京市		513.2		3.6
天津市	1.1			
河北省				
山西省				
内蒙古自治区				
辽宁省		3		3
吉林省				
黑龙江省				
上海市		1121.7	815.9	
江苏省		6032.3	4165.1	754.8
浙江省		277.7	197.2	80.5
安徽省		2253.8	2191.7	55.9
福建省	30.1	2192.4	352.5	1372.9
江西省				
山东省		0.9		
河南省				
湖北省		1270.2		869.3
湖南省		128.8	29	99.8
广东省	0.1	5784.7	499.2	3223.9
广西壮族自治区		245.1	245.1	
海南省				
重庆市		7614.3	6422.3	747.8
四川省		6584.2	3615.3	2868
贵州省		0.1		
云南省		140.6		140.6
西藏自治区				
陕西省				
甘肃省				
青海省				
宁夏回族自治区				
新疆维吾尔自治区				

2019年电子信息制造业主要产品分省市产量情况

省市名称	台式微型计算机（万台）	服务器（万台）	显示器（万台）	平板显示器（万台）
总计	2378.3	453	16982.9	10552.8
北京市	509.6	5.6	470.1	462.9
天津市		45.2	763.7	762.5
河北省				
山西省				
内蒙古自治区				
辽宁省		9	5.2	
吉林省				
黑龙江省				
上海市		19.9	0.1	
江苏省	41.9	12.8	5205	2795.6
浙江省		21.1	1.4	
安徽省			0.6	0.1
福建省		53.3	3066.3	3037.2
江西省			362.5	362.5
山东省		116.5	151.2	
河南省			0.1	
湖北省	10.2		1519.4	872.4
湖南省		10.1	1.4	0.2
广东省	1271.5	148.7	1760.6	485
广西壮族自治区			1205.4	278.8
海南省				
重庆市	444.1		2444.1	1495.7
四川省	100.9		4.3	
贵州省	0.1	10.7		
云南省				
西藏自治区				
陕西省			21.5	
甘肃省				
青海省				
宁夏回族自治区				
新疆维吾尔自治区				

2019年电子信息制造业主要产品分省市产量情况

省市名称	打印机（万台）	硬盘存储器（万台）	半导体存储盘（万个）	程控交换机（万线）
总计	5010.8	7454.8	13027.5	790.5
北京市	154.1	372.7		
天津市	96.8			
河北省				38.4
山西省				
内蒙古自治区				
辽宁省	23.2	3.1		3.5
吉林省				
黑龙江省				
上海市	249.4		1216.4	4.2
江苏省	66.1	6151.3		
浙江省	19.7	0.2		104.6
安徽省		125		
福建省	267.5		0.1	
江西省	0.1			
山东省	411.5	40.2		
河南省	0.4			
湖北省				
湖南省	32.5	9.3		
广东省	2317.3	752.1	11631	638.4
广西壮族自治区				
海南省				
重庆市	1365.8			
四川省			180	1.4
贵州省				
云南省	6.2			
西藏自治区				
陕西省		0.8		
甘肃省				
青海省				
宁夏回族自治区				
新疆维吾尔自治区				

2019年电子信息制造业主要产品分省市产量情况

省市名称	数字程控交换机（万线）	电话单机（万部）	移动通信基站设备（万信道）	移动通信手持机（万台）
总计	772	5793.8	939.7	170100.6
北京市		1.8		8373.3
天津市		124.6		11.5
河北省	38.2			
山西省				1862.2
内蒙古自治区				
辽宁省				46.1
吉林省				
黑龙江省				259.5
上海市	2.3	50.4	19.2	4173.2
江苏省		166.3		5003.8
浙江省	103.7		1.5	4652.6
安徽省				81.7
福建省		182.3	7.6	1802.9
江西省		110.1		4897.6
山东省		125	26.2	1177.2
河南省				21744.1
湖北省			1.6	3920
湖南省			0.2	1262.9
广东省	626.7	5016.6	865	70502.8
广西壮族自治区		0.1		594.7
海南省				
重庆市			1.6	17431.9
四川省	1.1	16.6	16	14811.4
贵州省				3289.1
云南省				2792.2
西藏自治区				
陕西省			0.7	1409.9
甘肃省				
青海省				
宁夏回族自治区				
新疆维吾尔自治区				

2019年电子信息制造业主要产品分省市产量情况

省市名称	智能手机（万台）	彩色电视机（万台）	液晶电视机（万台）	智能电视（万台）	组合音响（万台）
总计	122719.4	18999.1	18689.7	11926.4	15946.5
北京市	8348.4	417.9	417.9	417.9	
天津市		78.7	78.7	78.7	
河北省					
山西省	1862.2				
内蒙古自治区		164.3	164.3	164.3	
辽宁省	46.1	37.1	37.1		317.3
吉林省					
黑龙江省					
上海市	4173.1	135.7	135.7	134.1	
江苏省	4679.6	1383.5	1369.1	1034.6	555.1
浙江省	4359.2	193.4	193.4	117.7	564.2
安徽省		1941.8	1941.8	1071.9	13.7
福建省	1581.2	790.8	787.1	768.3	
江西省	3392.2	22.7	22.7		1052.3
山东省	1036.7	1580.6	1513.9	1442.1	0.1
河南省	10841.7	5	5	5	49.1
湖北省	3357.5	298.7	298.7		
湖南省	16				51.3
广东省	64165.7	10422.3	10297.8	6505.8	12726.2
广西壮族自治区		327.4	324.8	2.6	281.7
海南省					
重庆市	9878.4				
四川省	3502.2	964.8	957.3	58	107.1
贵州省	338.1	123.6	123.6	123.6	87.3
云南省		47.8	15.4		77.7
西藏自治区					
陕西省	1141.2	63.1	5.5	1.9	63.4
甘肃省					
青海省					
宁夏回族自治区					
新疆维吾尔自治区					

2019年电子信息制造业主要产品分省市产量情况

省市名称	半导体存储器播放器（含MP3、MP4）（万个）	数字激光音、视盘机（万台）	电视接收机顶盒（万台）
总计	437.9	2006.9	16718.5
北京市	15.8		1663.9
天津市			
河北省			
山西省			
内蒙古自治区			
辽宁省		189	
吉林省			
黑龙江省			
上海市			121.6
江苏省			588.6
浙江省			137.4
安徽省			
福建省		9.6	1578.2
江西省			
山东省			2.7
河南省			
湖北省			
湖南省	1.5	0.2	692.2
广东省	405.4	1161.6	10396
广西壮族自治区			
海南省			
重庆市		646.4	
四川省			1222.4
贵州省			315.6
云南省	0.4		
西藏自治区			
陕西省	14.7		
甘肃省			
青海省			
宁夏回族自治区			
新疆维吾尔自治区			

2019年电子信息制造业主要产品分省市产量情况

省市名称	半导体分立器件（亿只）	集成电路（亿块）	集成电路圆片（万片）	发光二极管（LED管）（亿只）
总计	10705.1	2018.2	3339.8	9645
北京市		154.5	382.6	
天津市	524.4	14.7	92.8	75
河北省	68.6			27.8
山西省				
内蒙古自治区				
辽宁省	22.7	5	123.7	
吉林省	36.1			
黑龙江省		3.4		
上海市	526.2	207.6	709.2	0.1
江苏省	1979.7	516.3	708.2	234.4
浙江省	20.3	143.5	258.7	535.5
安徽省	276.7	59.7		1920.7
福建省		9.6	133.5	374.5
江西省	3589.1	2.7		209.4
山东省	356.2	21.3	487.3	
河南省	0.1			202
湖北省	97.5		30.2	54
湖南省	0.1	6.3		9.8
广东省	1854.5	363.2	0.7	5850.5
广西壮族自治区	2.1			0.2
海南省				
重庆市	80.1	33.7	62.5	8.6
四川省	1219	77.2	94.7	
贵州省		0.6		3.3
云南省		5.3		
西藏自治区				
陕西省	51.8	3.8	143.3	
甘肃省		389.9	46.4	134.6
青海省				
宁夏回族自治区			66.2	
新疆维吾尔自治区				4.6

2019年电子信息制造业主要产品分省市产量情况

省市名称	液晶显示屏（万片）	液晶显示模组（万套）	电子元件（亿只）	印制电路板（万平方米）
总计	655864.1	299473.7	44508.2	50396.7
北京市	15024.6	17832.3	57.1	21.8
天津市	18237	29.5	6373.6	102.2
河北省	3209.8	301	19.1	42.8
山西省			1	
内蒙古自治区	7901	2237	2.8	
辽宁省	2340	7680	69	98.1
吉林省				0.4
黑龙江省				
上海市	110969.3	5341	156.3	296.4
江苏省	39147.3	27947.3	13994.5	7082.1
浙江省	2592.1	8757.3	978.7	1814.1
安徽省	39298	543.3	593.5	2046.4
福建省	73837.4	9941.2	317.8	4404.4
江西省	65764.1	14427	210.4	6917.9
山东省		69.9	470.6	166.3
河南省	408.7	40323	200.4	368.7
湖北省	212.3	30.3	179.7	1088.4
湖南省	41075.8	8439	460	607.5
广东省	165447.1	123631	19356.9	22981.4
广西壮族自治区	14582.8	101	283.9	1.6
海南省				
重庆市	21788.5	7231.6	145.7	1008.7
四川省	28688.2	15898	301.1	813.2
贵州省	590	3836.1	71.3	149.2
云南省	3616	4774	3.9	
西藏自治区				
陕西省	1134.1	103	102	385.2
甘肃省			157.7	
青海省				
宁夏回族自治区				
新疆维吾尔自治区			1.3	

	全行业出口完成	通信设备行业	计算机行业	广播电视设备行业
出口合计	**78337479.3**	**21390260.5**	**20619605.1**	**1499009.1**
一、按经济类型分列				
外商独资企业	38812568.1	8288820.0	14347263.9	511033.8
私营企业	23947934.1	6788356.4	4336932.4	790359.7
中外合资企业	10162380.1	4970732.7	895970.0	124212.8
国有企业	3927688.7	554270.3	765273.7	67551.5
集体企业	1390206.4	779476.7	268938.9	3929.9
中外合作企业	73733.2	1094.5	2196.8	1251.8
其他企业	16255.7	7309.8	2881.9	481.0
个体工商户	6713.0	200.1	147.4	188.6
二、按贸易方式分列				
进料加工贸易	39810896.6	12828921.9	13779334.4	564185.2
一般贸易	23447718.6	7589381.8	1898488.9	793013.5
海关特殊监管区域物流货物	9304715.2	648896.5	3961628.5	51875.0
来料加工装配贸易	3793687.5	109703.6	769339.4	18574.7
保税监管场所进出境货物	1094003.6	103175.8	147721.0	38895.1
其他贸易	482126.7	29544.5	33105.5	18644.7
边境小额贸易	221369.7	68289.6	9927.6	11129.2
对外承包工程出口货物	169941.6	9163.9	17298.4	2040.5
国家间、国际组织无偿援助和赠送的物资	9535.2	2922.9	2713.0	646.6
出料加工贸易	2314.0	2.9	19.1	
租赁贸易	894.9	257.0	10.8	2.1
其他捐赠物资	270.7		17.9	2.4
寄售、代销贸易	4.9	0.1	0.4	0.1
易货贸易				
三、按省、自治区、直辖市分列				
广东省	27091693.6	8770913.8	4825492.8	745700.2
江苏省	14937009.1	2916148.3	4662827.1	212353.9
上海市	7908282.3	1797843.5	2694710.0	39711.1
重庆市	3875254.8	501296.4	2901213.4	9018.2
四川省	3869751.6	219558.6	2222858.4	8339.5

出口指标表

单位：万美元

家用视听设备行业	智能消费设备行业	电子器件行业	电子元件行业	其他电子设备行业	电子仪器设备行业	电子专用材料行业
3263833.3	**635098.9**	**17259716.9**	**10078254.4**	**167016.1**	**2861380.9**	**563304.1**
1047807.6	296245.4	8865876.2	3890254.0	74716.0	1338712.8	151838.4
1269651.8	257045.9	4693762.0	4358319.8	64315.0	1119916.8	269274.3
591786.9	41602.1	2205304.8	1064998.4	10777.5	192521.1	64473.7
336202.2	31775.9	1388867.3	542261.6	13150.6	155810.1	72525.5
13619.8	3342.1	80405.3	185907.9	60.1	49511.5	5014.3
2792.2	4000.3	21591.3	33435.8	3899.8	3448.7	21.7
1004.7	942.6	1104.5	1195.4	97.1	1141.5	97.2
968.0	144.6	2805.6	1881.4		318.2	59.1
2017213.4	156789.8	5663845.2	3658024.5	62931.3	990827.3	88823.6
1004556.8	303646.8	4649761.3	5232081.7	84104.3	1448296.6	444386.9
82142.7	55019.2	3795650.9	511566.1	17389.4	162437.7	18109.1
51712.0	47750.4	2556214.3	144473.5	23.7	90642.9	5253.0
52392.4	23232.2	386528.5	237253.3	1240.9	99045.5	4518.8
38021.6	37979.2	109090.3	174014.4	640.9	40124.5	961.0
13750.4	6535.4	26458.3	67582.6	269.8	17413.4	13.4
3362.6	4071.4	70698.7	51772.3	4.1	11422.3	107.4
661.5	11.0	292.7	1345.6	21.4	920.4	0.0
0.3	30.0	1087.2	11.4	32.0	0.4	1130.8
15.2		2.9	16.8	358.1	231.9	
1.3	33.5	86.5	111.7		17.5	
3.2	0.0		0.3	0.2	0.5	
2075300.6	259053.3	4041478.8	4719828.3	64062.5	1544110.5	45752.8
251952.6	55846.0	4408464.7	1757923.3	40598.7	477891.6	153002.9
127091.9	98357.2	2444858.2	445787.5	22759.8	206328.8	30834.3
28676.9	2402.0	334808.7	64034.3	591.1	25322.0	7891.9
30773.2	2697.7	1297233.2	49796.2	2587.1	30077.2	5830.3

	全行业出口完成	通信设备行业	计算机行业	广播电视设备行业
河南省	3344714.0	3221199.1	8135.7	4035.2
浙江省	2921605.7	170182.5	211772.9	267946.9
陕西省	2031458.5	21607.2	632625.5	651.9
福建省	1740714.6	251251.5	578336.8	29763.8
天津市	1241687.8	336702.5	305652.6	46228.3
北京市	1190029.3	698060.1	85941.1	8088.6
湖北省	1119738.8	478040.9	293241.8	11991.5
山东省	1107138.7	295235.3	71763.8	39535.1
安徽省	1085592.7	47387.8	579205.8	790.1
江西省	902780.6	134346.7	64045.3	27721.8
辽宁省	824186.6	19607.2	11627.9	1122.7
广西壮族自治区	811226.0	232570.0	335288.3	19561.4
山西省	731386.7	687518.3	53.5	1679.6
湖南省	583479.0	186877.3	61335.3	8764.7
云南省	362398.9	238871.0	48665.9	2661.4
河北省	228107.0	38820.6	11848.1	7390.2
贵州省	149808.7	65895.3	1995.8	849.7
新疆维吾尔自治区	92461.5	14319.3	6316.8	4642.9
黑龙江省	46907.6	18707.2	600.7	240.8
甘肃省	40127.5	410.6	2211.2	14.3
内蒙古自治区	36709.0	13225.2	225.4	41.9
吉林省	21214.0	1625.6	696.7	115.3
宁夏回族自治区	19829.0	1129.3	454.8	1.3
海南省	16697.9	8301.4	295.0	3.9
西藏自治区	4221.8	2608.2	164.2	42.9
青海省	1266.3		2.5	
四、按国别和地区分列				
中国香港	18107286.0	5221030.8	3713262.6	263294.8
美国	13703979.9	4356273.7	5567043.3	219132.7
韩国	4227322.8	856694.6	651566.9	69453.9

出口指标表

单位：万美元

家用视听设备行业	智能消费设备行业	电子器件行业	电子元件行业	其他电子设备行业	电子仪器设备行业	电子专用材料行业
3946.6	1823.5	42030.1	35316.6	233.2	8921.8	19072.2
192860.9	107884.3	828269.4	942980.9	8540.7	171498.0	19669.2
11835.6	1090.4	1222773.2	101808.6	920.1	8293.7	29852.3
123299.5	10930.0	357913.4	282875.4	1213.1	83825.5	21305.6
21169.7	40255.4	281788.9	150402.7	1930.1	28865.6	28691.9
10702.0	6608.2	253814.4	70350.2	1877.5	41263.3	13323.9
16576.6	1428.7	145271.5	147242.6	3057.6	19440.7	3446.8
173158.1	11075.5	112914.4	324980.0	2288.2	65349.4	10839.0
51808.4	1658.1	291860.5	89840.6	647.3	20557.1	1837.1
8210.9	4085.1	253929.4	354138.6	552.3	24970.7	30779.9
83975.9	15087.7	554911.7	106615.6	5669.1	22432.8	3136.0
5942.6	2214.7	75475.2	113084.3	2372.3	17573.8	7143.5
69.9	13.6	20418.6	6980.9	173.4	825.0	13653.8
11618.5	3044.1	91107.2	173241.7	926.4	29445.4	17118.6
6257.9	157.7	2847.8	13588.3	6.0	2887.6	46455.2
9224.4	1450.7	96693.4	43931.4	2254.5	9459.4	7034.3
11968.8	43.9	44314.8	16841.2	15.1	7143.2	740.9
5719.3	2102.9	7256.0	26757.0	7.7	8145.2	17194.3
541.5	618.2	1135.6	21166.8	0.2	3525.1	371.5
84.1	1750.0	34764.8	515.4		101.5	275.5
101.0	58.7	2528.7	6722.9	125.5	255.3	13424.3
755.0	3255.2	9181.6	3474.4	7.1	1679.8	423.4
90.7	10.0	1359.2	2307.7	3593.3	647.7	10235.0
8.5	95.9	174.8	5043.5		9.2	2765.7
111.6	0.1	124.4	632.4	6.4	531.5	
0.2	0.0	14.2	44.8		2.4	1202.0
368570.1	29724.6	5602723.5	2289783.8	25164.1	545564.8	48166.8
676980.9	137286.5	574596.5	1637476.0	12506.3	494114.6	28569.5
57785.1	41622.6	1926491.6	434802.7	11829.4	91622.9	85452.9

2019年电子信息制造业

	全行业出口完成	通信设备行业	计算机行业	广播电视设备行业
日本	3793072.2	886887.9	1241573.5	89517.2
荷兰	3653841.2	1019983.5	1811362.9	33850.7
越南	3050888.2	767031.1	164289.0	83240.8
中国台澎金马关税区	2873453.0	267467.1	505788.8	14485.2
德国	2300002.4	371877.0	919190.3	35294.6
印度	2265718.4	591968.5	494615.8	135489.2
新加坡	1775859.2	383833.8	495619.8	9251.5
墨西哥	1692134.0	375965.0	415244.8	26262.9
英国	1597194.6	579337.8	566849.6	46921.9
马来西亚	1557674.4	172270.0	209098.8	14205.3
泰国	1076246.5	323482.0	223855.5	37038.6
澳大利亚	1055461.7	251141.7	403191.4	22260.9
俄罗斯联邦	1017446.1	385880.1	273654.3	28703.2
捷克	923155.3	408078.0	330767.1	11396.4
阿联酋	920867.8	459009.3	250829.6	16248.8
巴西	896335.2	187755.4	92152.8	30656.8
印度尼西亚	878292.9	355144.7	159005.2	24600.9
菲律宾	782888.8	199381.3	114721.9	15895.5
波兰	706380.1	69796.0	186586.3	17187.4
加拿大	702844.8	286383.9	182743.8	11595.6
意大利	662683.1	240183.4	170942.7	10020.7
法国	602959.5	156098.7	145180.1	21655.8
西班牙	428755.4	129760.6	55943.9	7893.8
土耳其	403792.1	123013.1	82108.8	7865.3
匈牙利	357856.5	138130.3	74926.7	6662.2
沙特阿拉伯	321734.1	165578.7	33419.6	6270.3
南非	320995.3	102269.5	72279.8	10948.5
智利	218493.9	70798.9	43395.7	6283.9
巴基斯坦	217036.9	69309.5	16985.6	3188.6
哥伦比亚	205114.3	76860.5	51641.3	7968.4

出口指标表

单位：万美元

家用视听设备行业	智能消费设备行业	电子器件行业	电子元件行业	其他电子设备行业	电子仪器设备行业	电子专用材料行业
258031.3	52268.5	562889.0	461033.8	8656.7	171797.3	60417.1
51761.1	28984.8	310513.7	301767.6	353.4	84776.7	10486.8
53667.8	8749.4	1349368.3	474672.8	19532.3	78352.3	51984.3
32659.2	16283.8	1577222.0	275328.6	20979.8	107405.3	55833.4
65875.1	35974.6	295074.1	443614.8	2240.7	119058.0	11803.2
115530.8	11304.5	481160.9	322718.4	4092.8	79502.1	29335.6
24179.8	17442.0	574987.5	172188.7	22885.5	65657.6	9813.0
159447.4	13012.2	457367.5	178416.5	1386.1	60148.9	4882.6
61775.2	24560.8	48460.8	198341.9	453.6	65469.2	5023.8
40504.0	9543.7	754326.8	212019.6	12227.0	67950.7	65528.5
91803.4	12234.0	125324.4	166897.4	13532.0	41788.7	40290.4
52143.1	22403.7	142570.4	136777.8	127.0	24570.8	274.8
59975.1	13027.5	99294.6	108998.2	793.2	42051.2	5068.8
30195.1	3629.8	36160.8	81426.7	78.9	21267.4	155.2
36222.0	4798.1	47480.0	83281.9	94.6	14306.7	8596.9
67106.0	12740.6	325838.3	146868.9	625.6	32087.5	503.3
41058.7	6398.5	110220.3	130926.4	630.1	45112.2	5195.8
51180.3	3635.3	248754.5	119595.5	1080.9	24644.3	3999.2
103263.9	6924.7	182074.2	95530.0	304.5	43441.8	1271.3
46458.9	9658.5	33958.0	91374.7	450.3	38224.2	1997.0
19954.1	4521.3	44873.5	132604.0	560.2	35866.1	3156.9
25460.8	12273.0	104841.5	97155.9	445.4	38322.2	1526.1
16290.4	10527.7	116519.0	72663.0	155.5	17894.8	1106.8
15333.8	3788.2	85627.0	65840.9	271.7	16948.5	2994.8
14716.5	2280.8	54371.8	44896.8	721.5	20701.5	448.3
35977.9	4848.7	26090.9	37612.4	101.4	11257.3	576.8
38574.9	2037.3	43501.4	38422.3	118.5	12604.2	238.9
29814.5	3852.6	36363.1	22226.3	11.1	5734.6	13.2
16277.7	3064.0	49448.5	42589.0	90.7	15777.8	305.7
18960.9	1451.8	14434.8	26999.7	49.0	6642.2	105.7

	全行业出口完成	通信设备行业	计算机行业	广播电视设备行业
埃及	204846.7	66583.1	9130.1	4511.7
乌克兰	172501.8	18469.1	19212.2	4427.1
比利时	165000.6	26375.6	27067.7	5018.0
阿根廷	160798.0	50874.1	23052.0	8292.3
瑞典	147362.3	45334.0	32578.2	2983.2
伊朗	146756.6	47909.8	15892.4	2673.1
缅甸	145909.6	97346.3	6772.9	2523.2
秘鲁	144184.6	51315.2	35242.7	4493.8
以色列	140793.4	33137.7	33553.6	6836.3
尼日利亚	137713.5	29925.7	10019.7	6941.1
爱尔兰	131578.6	13524.0	88503.6	1387.6
希腊	127292.6	10672.7	78453.7	1783.1
哈萨克斯坦	126925.5	34821.9	27094.0	5918.9
斯洛伐克	126702.9	6105.5	16616.6	701.7
卢森堡	126596.7	92972.2	31469.8	206.5
孟加拉国	123687.3	37189.1	14249.0	2613.7
瑞士	116594.5	18016.8	67146.9	3137.0
奥地利	111563.5	36678.6	31664.0	1508.3
葡萄牙	109932.3	16658.4	12599.4	896.0
罗马尼亚	101584.0	22545.9	11167.6	2732.9
巴拿马	98516.0	23955.7	30561.0	3179.4
伊拉克	81935.6	10409.8	4786.4	5644.7
丹麦	81691.8	7654.3	21079.7	2437.7
芬兰	79597.7	13742.1	18783.7	1867.2
新西兰	75793.4	15051.3	31473.7	1568.4
阿尔及利亚	72830.6	24193.4	4024.7	3134.3
柬埔寨	64042.8	35371.8	3377.9	1025.7
摩洛哥	59938.8	20126.5	5176.1	3343.2
肯尼亚	58363.7	9085.5	5587.1	2046.3
乌兹别克斯坦	50396.2	11846.3	5224.7	1910.0

出口指标表

单位：万美元

家用视听设备行业	智能消费设备行业	电子器件行业	电子元件行业	其他电子设备行业	电子仪器设备行业	电子专用材料行业
19232.8	1459.7	62936.3	28268.0	134.3	12084.3	506.6
12016.9	1919.5	97524.8	13136.1	21.3	5535.4	239.3
11974.3	3911.7	23423.4	54213.7	149.8	11927.6	938.7
17747.9	1778.7	30619.1	20345.2	18.1	7696.3	374.3
6238.8	1547.2	16405.3	32939.7	99.8	9083.1	153.1
14781.9	4058.6	20860.2	30450.9	216.1	8877.8	1035.7
9086.7	338.8	6263.8	19509.3	67.2	3999.2	2.2
18127.3	4285.0	5874.5	18967.0	9.0	5855.1	15.0
12190.9	2598.1	21820.4	18565.6	211.6	10182.0	1697.3
24744.6	699.2	15353.0	37555.2	8.9	12295.0	171.2
2835.0	447.4	13081.9	8455.9	31.6	3235.4	76.2
5940.3	2009.6	10801.7	13323.5	5.7	4280.8	21.6
6069.3	2002.5	20165.3	22868.7	18.6	7837.2	129.0
9909.5	2585.6	50307.5	32366.2	20.7	8010.4	79.1
165.6	382.0	990.3	173.3	0.0	173.6	63.3
12770.6	1115.9	15029.8	25709.2	303.5	14520.6	185.7
1364.8	442.0	3718.7	16103.1	170.6	6272.8	221.8
2017.0	806.5	8378.5	19901.6	352.5	9389.2	867.3
3126.1	474.7	55239.9	17223.0	53.2	3626.7	34.9
5636.4	2406.1	20684.7	28087.9	11.9	8262.5	48.1
12389.3	1263.3	9455.2	13876.9	1.5	3822.9	10.8
20189.6	2225.6	12192.6	19377.3	16.2	7091.8	1.5
3138.4	2194.3	7164.0	26805.6	13.0	10897.6	307.2
1559.0	662.8	22314.4	11859.5	123.4	8619.6	66.0
5096.9	2908.4	2428.3	13374.9	7.6	3421.9	462.0
17810.2	339.8	8639.4	9706.5	724.4	4153.3	104.6
2584.4	131.3	6903.8	11224.5	408.1	2533.9	481.4
10138.5	1000.8	7107.5	8333.0	17.9	4651.1	44.2
11547.7	255.1	9375.6	17073.8	12.2	3379.8	0.6
9362.2	545.3	2810.2	5686.4	84.6	12819.7	106.9

	全行业出口完成	通信设备行业	计算机行业	广播电视设备行业
斯里兰卡	48952.2	18162.8	6692.7	1889.3
斯洛文尼亚	47815.1	4658.8	2881.8	1125.0
加纳	45038.2	7972.0	2747.0	1785.3
埃塞俄比亚	45015.5	3441.6	1998.4	656.9
挪威	42629.1	10165.5	12914.0	1405.2
约旦	40014.9	7622.0	2443.8	989.2
厄瓜多尔	39612.7	8164.0	5918.5	1017.3
科威特	38424.8	22520.7	2658.3	845.1
多米尼加共和国	35563.2	8822.0	6423.4	1195.8
卡塔尔	34440.8	13478.4	4958.6	950.1
坦桑尼亚	33916.1	1714.1	2419.8	1952.1
乌拉圭	33702.3	11201.1	5414.6	723.7
阿曼	32814.2	9989.6	1413.8	521.4
中国澳门	32581.2	11020.4	6024.3	776.4
尼泊尔联邦民主共和国	32376.8	18249.8	2933.8	900.5
白俄罗斯	31975.8	9665.6	4618.0	1227.9
突尼斯	30866.1	10896.1	4177.8	720.3
利比亚	29774.1	9630.4	1658.8	2013.8
科特迪瓦	29420.9	7128.8	3350.5	2184.3
危地马拉	28286.1	12775.3	2083.3	573.1
哥斯达黎加	27717.8	11076.2	2726.4	830.5
保加利亚	26685.0	6991.1	5192.2	773.1
刚果（金）	25595.4	6059.9	1619.3	989.0
立陶宛	24716.6	6739.5	4617.9	1152.3
塞尔维亚	23960.9	8675.1	3158.3	1488.6
贝宁	23354.7	696.1	104.4	443.2
塞内加尔	21763.8	4372.1	622.2	966.9
爱沙尼亚	21712.5	11120.6	1686.2	850.3
巴拉圭	21402.9	9279.0	3028.2	1555.0
拉脱维亚	21370.6	10545.4	2119.0	574.8

出口指标表

单位：万美元

家用视听设备行业	智能消费设备行业	电子器件行业	电子元件行业	其他电子设备行业	电子仪器设备行业	电子专用材料行业
5907.2	339.9	5740.6	7284.3	20.1	2911.3	4.1
1964.1	1890.3	8107.5	22720.9	90.2	4275.4	101.2
7361.0	319.4	4978.5	15717.5	30.7	4090.3	36.5
4590.2	86.0	27261.6	5580.3	3.1	1396.8	0.6
1449.2	379.0	3136.8	7662.2	261.3	3840.0	1415.9
4069.5	292.0	18607.8	4542.5	46.0	1390.2	11.9
9586.3	734.6	3867.9	8491.4	6.9	1815.5	10.2
4469.2	335.8	1981.2	4180.9	3.4	1405.6	24.5
4334.1	233.1	6501.4	5909.5	1.1	2133.1	9.6
2543.5	291.8	4779.3	3652.4	6.7	676.1	3104.0
6259.4	109.9	5527.0	12231.9	9.1	3686.1	6.8
4919.8	611.2	1776.3	7039.8	10.4	1887.1	118.3
2706.0	233.9	11498.2	5234.6	0.8	921.6	294.4
1541.0	84.0	6313.5	5840.9	21.9	953.3	5.6
1616.3	69.0	2298.7	3824.3	7.9	2476.3	0.1
5092.3	374.9	5230.7	3549.2	21.2	2175.0	21.0
2608.1	74.3	4905.7	5519.6	28.6	1935.3	0.3
7455.3	115.1	3684.4	3502.6	5.6	1708.1	
5092.3	551.3	1487.4	5914.3	4.3	3707.4	0.2
3653.8	275.0	3330.7	4229.8	0.1	1364.3	0.6
4948.6	185.0	3004.8	3789.7	101.6	1052.1	3.0
1442.0	583.7	2953.4	6025.1	48.4	2670.8	5.2
3535.0	232.5	1084.7	7209.0	1.5	4862.8	1.7
3110.2	474.6	2610.7	3598.0	12.2	2372.0	29.3
4461.7	109.0	1050.8	3885.0	3.9	1096.0	32.6
1100.2	112.5	1212.7	18702.6		983.1	
2984.3	347.7	5742.2	5052.8	6.0	1661.6	8.3
932.7	132.5	1063.4	3265.8	14.1	1825.6	821.2
2811.0	166.0	975.6	2671.5	0.1	916.3	0.1
1349.8	241.8	2078.4	2113.4	6.0	2324.8	17.2

	全行业出口完成	通信设备行业	计算机行业	广播电视设备行业
老挝	21164.1	5272.1	10164.9	230.8
吉尔吉斯斯坦	20818.2	4646.6	2755.5	645.8
黎巴嫩	20766.9	2950.2	3095.0	1543.8
安哥拉	20710.9	2500.5	2348.4	1310.3
赞比亚	19637.8	7613.9	2946.9	1035.3
巴林	18374.5	5076.6	4803.7	884.5
萨尔瓦多	18363.8	4040.4	1936.6	238.5
莫桑比克	18305.9	2508.4	734.2	1188.1
克罗地亚	18161.1	5322.3	3482.7	557.4
喀麦隆	17675.6	1717.6	1136.5	1177.8
多哥	17395.7	2776.2	296.5	1100.3
几内亚	15357.0	5352.0	364.0	562.8
苏丹	15091.8	3307.9	1093.6	491.5
也门	15088.7	940.6	167.8	715.0
乌干达	14646.9	2382.9	900.0	956.2
古巴	13634.4	6727.0	829.2	163.3
吉布提	13132.4	1018.9	818.0	546.8
塔吉克斯坦	12964.5	1799.4	764.9	496.4
格鲁吉亚	12381.2	2336.5	3215.5	502.6
委内瑞拉	12371.1	1557.1	2232.2	325.4
多民族玻利维亚国	11444.0	4182.2	1886.1	741.7
叙利亚	11177.4	1033.5	580.3	535.9
洪都拉斯	11149.3	4119.9	714.7	280.9
马里	9582.1	5517.4	1079.6	554.9
马达加斯加	9121.4	925.4	242.0	426.2
阿富汗	9109.5	2734.6	452.5	208.1
阿塞拜疆	8842.1	2365.1	2387.8	573.2
毛里求斯	8213.9	2212.3	1396.5	597.9
蒙古	7466.8	2611.5	1127.6	279.0
巴布亚新几内亚	7171.3	2636.5	757.7	102.3

出口指标表

单位：万美元

家用视听设备行业	智能消费设备行业	电子器件行业	电子元件行业	其他电子设备行业	电子仪器设备行业	电子专用材料行业
647.1	116.3	259.8	3519.9	0.3	952.0	0.9
6371.5	739.9	1020.7	3000.9	7.0	1543.9	86.5
3637.8	354.4	2990.6	4566.1	1.1	1626.8	1.1
4354.7	69.0	2214.0	7078.4	2.0	826.7	6.7
1333.8	47.8	533.4	3894.2	3.1	2217.0	12.4
1466.0	96.1	785.9	1015.6	0.5	1215.0	3030.7
1985.1	102.8	8059.7	1633.7	0.0	366.3	0.7
3513.9	55.9	2060.0	6266.6	6.8	1968.1	4.0
2679.7	367.4	1416.3	3536.0	54.0	646.5	98.6
2680.4	157.8	2106.5	7296.5	2.6	1379.4	20.6
1742.3	163.2	2013.0	8149.0	37.0	1118.1	
1323.5	55.6	1402.5	5518.9	4.5	773.2	0.0
1316.1	192.2	3283.0	3602.3	14.6	1788.5	2.2
2320.5	994.7	3564.9	5319.6	0.9	1064.7	
2753.4	25.6	1147.8	3349.6	11.5	3119.9	0.0
1523.3	34.7	2518.3	1329.6	19.8	472.5	16.6
1774.8	19.6	1922.0	6098.8	2.3	931.3	
3846.5	45.0	2871.9	2467.5		671.8	1.3
1852.0	582.5	1501.6	1582.3	103.2	678.6	26.3
1367.1	1045.9	2081.9	2584.1	0.0	1177.1	0.2
1393.0	33.4	489.2	1897.2	0.0	821.2	0.1
686.2	147.8	2372.4	4419.2	9.7	1379.4	12.9
2055.7	117.1	1425.0	2131.6		304.4	0.0
781.6	14.7	336.6	1128.8		168.4	0.0
1935.5	18.4	1111.8	4039.8	1.7	420.6	
1337.5	73.3	1834.4	941.4	0.0	1527.3	0.3
1439.9	62.5	524.2	883.1	1.1	605.0	0.1
1860.5	60.9	692.3	990.9	9.4	324.9	68.1
793.0	98.4	152.8	1612.5	1.5	790.5	
381.9	20.6	299.7	2696.8	0.4	260.1	15.2

	全行业出口完成	通信设备行业	计算机行业	广播电视设备行业
博茨瓦纳	6011.7	729.3	283.8	178.2
马耳他	5968.8	252.9	775.6	331.8
塞浦路斯	5809.7	1492.6	1059.8	103.2
牙买加	5470.2	404.2	442.9	152.4
马拉维	5256.2	868.0	130.5	173.8
毛里塔尼亚	5160.3	393.4	62.4	104.0
索马里	5126.0	1343.9	243.3	173.9
利比里亚	5124.5	1498.3	483.2	98.2
卢旺达	4941.7	1338.8	543.0	93.9
阿尔巴尼亚	4628.9	347.3	662.5	387.9
布基纳法索	4362.3	2402.5	47.1	315.1
波多黎各	4193.2	506.3	424.4	85.3
刚果（布）	4094.7	883.9	241.0	339.8
海地	3797.5	923.4	111.2	147.5
亚美尼亚	3786.8	725.4	333.7	254.1
尼加拉瓜	3573.5	850.1	196.3	144.6
塞拉利昂	3516.0	1599.3	69.1	82.4
圭亚那	3154.9	630.4	920.4	113.6
北马其顿	3048.3	1154.9	379.2	80.8
文莱	2967.6	491.9	501.4	140.6
津巴布韦	2911.1	627.3	460.6	59.7
马尔代夫	2874.2	719.6	208.3	109.5
波黑	2831.1	1250.6	716.3	149.2
加蓬	2669.7	439.3	93.9	575.6
冈比亚	2620.6	323.6	40.8	129.4
苏里南	2515.8	858.7	296.8	74.4
纳米比亚	2439.4	634.2	79.0	165.1
摩尔多瓦	2375.8	313.8	455.0	188.5
特立尼达和多巴哥	2348.8	386.7	252.2	92.2
斐济	2173.3	582.8	247.8	58.1

出口指标表

单位：万美元

家用视听设备行业	智能消费设备行业	电子器件行业	电子元件行业	其他电子设备行业	电子仪器设备行业	电子专用材料行业
3185.1	189.4	284.1	1005.0	0.0	156.5	0.2
516.4	46.3	2182.7	1534.9	23.8	304.3	0.1
260.6	20.0	1602.7	1005.4	0.1	265.2	0.0
1921.1	28.5	820.3	1431.2	4.1	265.6	0.0
283.0	4.7	2156.3	1235.9	0.9	403.1	
532.3	9.5	961.4	2874.9	0.9	221.5	0.0
440.7	5.3	514.9	2082.4		321.7	
487.8	118.9	288.5	1820.3	3.0	326.4	
144.6	1.3	1064.9	673.3		1081.7	
1047.0	50.4	736.3	1063.8	8.2	224.4	101.2
400.2	0.6	436.0	396.9	5.2	358.8	
314.6	107.4	546.6	1749.3	0.0	458.3	0.9
603.4	34.0	615.6	950.8	0.2	426.1	0.0
455.9	58.4	861.7	1160.9		78.3	
893.0	35.8	552.8	260.1	0.0	725.8	6.1
512.5	41.9	467.6	993.7	0.1	366.7	
168.7	2.7	415.8	1014.5		163.5	
365.0	10.7	285.3	688.8	3.1	137.7	
536.1	6.8	194.1	628.9	1.0	66.4	0.1
242.0	71.6	139.0	963.2	0.9	416.9	0.2
224.0	28.3	686.1	562.1	2.3	260.5	0.1
337.1	39.2	193.1	1118.0	0.9	148.3	0.2
389.8	5.7	114.1	119.5	0.7	84.2	1.0
467.1	32.3	510.9	463.5	1.0	86.1	
261.3	0.6	329.8	1308.4	3.8	222.9	
346.4	15.5	150.4	701.7		72.0	
119.1	13.9	697.2	612.8		118.1	
665.2	17.2	146.0	359.6	0.1	230.2	0.3
712.2	43.0	416.2	376.8		69.4	0.0
334.6	19.9	170.5	648.4		111.1	0.0

	全行业出口完成	通信设备行业	计算机行业	广播电视设备行业
乍得	2121.0	562.6	280.6	77.1
尼日尔	2071.2	691.0	213.5	217.7
土库曼斯坦	1872.7	277.5	264.1	107.5
科摩罗	1680.8	1068.1	188.7	11.6
南苏丹共和国	1570.6	563.0	208.1	8.3
冰岛	1496.6	268.6	658.2	47.0
留尼汪	1415.0	538.2	147.0	43.8
马绍尔群岛	1390.1	235.6	575.1	12.2
黑山	1306.3	361.6	30.5	26.7
巴勒斯坦	1231.5	19.7	26.4	130.6
赤道几内亚	1078.2	171.6	53.0	51.8
东帝汶	950.0	264.0	36.9	73.1
新喀里多尼亚	909.9	33.6	64.6	34.0
巴巴多斯	800.5	41.8	9.8	10.4
莱索托	671.5	291.7	86.8	0.5
佛得角	628.7	58.0	73.2	34.2
布隆迪	599.7	14.7	13.6	52.5
法属波利尼西亚	596.4	106.5	7.1	9.7
列支敦士登	537.4	93.8	16.5	1.4
瓦努阿图	488.3	167.0	59.8	10.1
厄立特里亚	466.8	306.5	33.6	4.6
伯利兹	462.9	67.4	31.8	40.3
巴哈马	400.5	83.5	42.0	29.7
不丹	383.5	90.2	178.2	7.1
阿鲁巴	381.1	64.2	63.3	89.1
塞舌尔	371.9	119.3	21.9	24.9
朝鲜	361.0	1.2	18.3	0.0
百慕大	353.2	134.4	5.6	0.5
萨摩亚	311.9	58.2	12.8	39.0
多米尼克	302.7	20.4	15.8	1.3

出口指标表

单位：万美元

家用视听设备行业	智能消费设备行业	电子器件行业	电子元件行业	其他电子设备行业	电子仪器设备行业	电子专用材料行业
93.7	57.6	121.7	743.3	0.5	183.9	0.0
102.9	4.9	124.4	550.6		166.2	
808.0	1.3	147.5	150.4	3.3	111.6	1.5
16.5	1.1	111.8	185.5		97.5	
23.2	27.0	103.8	438.2	0.0	199.1	0.0
53.9	31.7	41.3	183.6	0.5	211.9	
326.8	36.4	188.3	79.5		55.0	
48.8	128.5	17.5	228.1	1.0	143.4	
510.5	4.9	59.5	149.2	0.0	51.2	112.3
511.4	1.5	354.4	118.9	0.2	68.3	
130.4	10.9	269.3	361.0		30.3	
55.6	2.6	211.5	272.6		33.3	0.2
140.4	7.9	547.9	63.9	0.2	17.5	
137.3	2.6	558.9	26.9		12.9	
88.9		101.5	96.2	0.7	5.2	
198.3	1.6	45.4	182.4	0.7	35.0	
42.8	1.7	24.4	248.7		201.1	
180.6	8.1	118.4	146.6		19.5	
0.0	4.5	24.4	349.7		32.8	14.1
75.2	1.5	42.4	122.8		9.5	
0.3	2.1	12.2	55.9	3.1	48.5	
80.1	13.9	71.7	136.9		20.8	
11.4	10.1	30.9	181.0	0.0	11.9	
4.1	0.2	12.1	60.8		30.7	
44.7	13.0	51.5	46.5		8.8	
47.5	6.8	23.2	116.0		12.4	
43.4	36.7	0.5	4.1		251.4	5.5
0.2	0.0	201.4	9.8		1.2	
33.0	0.3	63.2	95.4	0.3	9.7	
27.7	1.6	64.8	162.2		8.8	

	全行业出口完成	通信设备行业	计算机行业	广播电视设备行业
几内亚比绍	289.1	98.3	77.9	0.8
斯威士兰	284.7	97.0	70.2	0.6
马约特	265.1	27.2	5.9	1.3
所罗门群岛	261.1	31.3	24.6	6.1
中非	252.5	49.6	47.2	33.0
安提瓜和巴布达	240.3	74.7	18.8	4.1
大洋洲其他国家（地区）	223.4	46.7	18.6	10.3
瓜德罗普	218.9	11.3	20.5	33.5
马提尼克	214.0	25.8	103.2	4.5
摩纳哥	210.2	22.1	38.9	0.3
汤加	207.2	19.9	8.1	1.8
圣其茨和尼维斯	165.2	19.9	5.1	4.0
英属维尔京群岛	151.5	142.7	0.4	2.4
基里巴斯	136.4	18.2	8.2	4.7
开曼群岛	131.2	17.1	13.1	
密克罗尼西亚联邦	124.1	38.9	4.7	0.0
荷属安地列斯	121.4	4.8	42.9	6.2
库腊索岛	105.8	10.4	8.4	2.9
圣卢西亚	94.8	15.8	4.9	4.8
法属圭亚那	91.5	9.9	21.3	1.3
拉丁美洲其他国家（地区）	91.2	36.8	14.6	1.1
圣文森特和格林纳丁斯	74.7	16.2	28.2	3.3
格林纳达	71.9	19.3	3.9	0.0
安道尔	68.6	1.5	15.9	37.3
法罗群岛	66.7	2.2	55.8	2.6
帕劳	48.4	1.9	3.7	0.5
圣多美和普林西比	48.0	0.4	2.2	0.3
圣马力诺	42.8	1.6	1.2	
北美洲其他国家（地区）	32.9	32.4	0.4	
加那利群岛	25.3	0.1	1.7	0.6

出口指标表

单位：万美元

家用视听设备行业	智能消费设备行业	电子器件行业	电子元件行业	其他电子设备行业	电子仪器设备行业	电子专用材料行业
1.0	0.0	22.9	71.6	5.6	10.9	
0.3	7.2	60.8	44.2		4.4	
127.9	1.9	31.1	65.0		4.9	
24.1	2.0	39.7	125.6		7.6	
13.1	11.1	31.4	26.9	3.1	37.2	
15.7	0.2	21.5	82.6		22.8	
17.0	7.4	104.3	15.2		3.9	
46.8	1.7	68.4	34.0		2.7	
15.9	7.7	27.3	25.9		3.9	
10.9	10.0	53.8	60.4		13.8	
29.8		25.4	115.2	0.2	6.7	
3.4	0.0	99.6	32.7		0.5	
0.3	0.3	1.6	3.3		0.5	
26.0	0.4	20.1	34.6		24.2	
1.0	1.8	20.8	45.8		31.7	
2.4	2.7	2.1	69.0		4.2	
8.6	2.4	32.7	18.7		4.0	1.2
23.5	1.5	31.2	17.8		10.1	
4.8	4.7	38.6	20.5		0.8	
28.1	5.3	15.0	9.9		0.7	
7.0	0.0	7.6	23.3		0.8	
2.4	0.1	15.8	7.3		1.5	
4.6	0.0	21.0	23.0		0.1	
2.3	0.0	1.7	1.6	3.9	4.4	
0.0		0.8	0.5		4.9	
1.8		13.2	26.3		1.0	
8.6	0.0	9.8	21.8	0.9	3.9	
0.8		8.7	11.5		19.0	
		0.0	0.0		0.0	
3.8		0.1	0.1		18.9	

	全行业出口完成	通信设备行业	计算机行业	广播电视设备行业
特克斯和凯科斯群岛	25.0	6.4	2.0	1.6
圣马丁岛	22.8	1.6	5.0	2.0
库克群岛	21.7	10.4	0.9	
格陵兰	18.2	1.1	8.1	0.1
直布罗陀	16.7	5.4	2.6	1.8
图瓦卢	16.7	0.5	1.1	0.1
非洲其他国家（地区）	6.8	0.0		0.9
蒙特塞拉特	4.6	2.2	0.8	0.8
瑙鲁	2.6	2.3	0.1	
塞卜泰（休达）	0.8	0.4		
瓦利斯和浮图纳	0.6	0.5	0.0	
梵蒂冈城国	0.3	0.0	0.1	
梅利利亚	0.1			
西撒哈拉	0.1	0.0	0.0	
圣皮埃尔和密克隆	0.1	0.1	0.0	
诺福克岛	0.0	0.0	0.0	
土阿莫土群岛	0.0		0.0	
亚洲其他国家（地区）	0.0			
中国	0.0			
博内尔				
社会群岛				

出口指标表

单位：万美元

家用视听设备行业	智能消费设备行业	电子器件行业	电子元件行业	其他电子设备行业	电子仪器设备行业	电子专用材料行业
10.0	0.1	1.4	3.3		0.2	
4.4	0.0	5.5	2.3		1.9	
0.3		2.3	6.3	0.0	1.5	
0.0	0.7	1.5	4.0		2.6	
0.3		3.5	0.9		2.2	
5.1		1.0	2.2		6.6	
0.0	0.0	4.2	1.0		0.7	
0.0		0.0	0.4		0.3	
		0.0	0.1		0.0	
		0.4				
		0.0	0.1			
		0.1	0.1			
		0.1	0.0			
0.0		0.0	0.0		0.0	
		0.0	0.0		0.0	
		0.0				
			0.0			
					0.0	

	全行业出口完成	通信设备行业	计算机行业	广播电视设备行业
进口合计	**58851457.5**	**4339440.8**	**5484067.5**	**1057513.6**
一、按经济类型分列				
外商独资企业	26908765.6	1286127.4	2788195.6	513622.6
私营企业	20252880.0	2093108.1	1923449.7	76338.2
中外合资企业	8007221.0	751764.8	255098.9	444390.2
国有企业	2908634.3	124794.7	400105.6	22241.6
集体企业	712417.7	81981.1	113666.6	757.5
中外合作企业	34758.7	581.3	1443.7	104.9
其他企业	26138.6	1076.4	2051.5	58.7
个体工商户	641.6	7.0	56.0	
二、按贸易方式分列				
进料加工贸易	21287800.7	2213723.9	1355681.2	850923.0
一般贸易	18510144.5	1049329.9	1683700.5	150242.2
海关特殊监管区域物流货物	10311157.0	621536.0	1976219.0	27864.3
来料加工装配贸易	4273657.8	72612.1	275926.7	21633.6
保税监管场所进出境货物	3521779.8	374165.7	172061.9	5537.2
特殊监管区域进口设备	567908.0	2217.2	9098.8	510.8
外商投资企业作为投资进口的设备、物品	263443.2	17.5	703.7	2.4
其他贸易	93507.3	5697.2	10613.4	783.1
加工贸易进口设备	17171.5	8.2	51.1	17.0
出料加工贸易	3329.3			
租赁贸易	1232.0	132.7	11.0	
免税品	296.2	0.4	0.0	
免税外汇商品	16.7			
其他捐赠物资	7.8			
国家间、国际组织无偿援助和赠送的物资	3.7			
边境小额贸易	2.0			
三、按省、自治区、直辖市分列				
广东省	22739046.7	2563402.3	1996741.2	245926.2

进口指标表

单位：万美元

家用视听设备行业	智能消费设备行业	电子器件行业	电子元件行业	其他电子设备行业	电子仪器设备行业	电子专用材料行业
617391.1	**445948.6**	**35464215.6**	**5057196.4**	**2427960.8**	**2974298.3**	**983424.7**
290219.5	166404.1	17087331.3	2683670.5	367895.2	1129196.8	596102.6
157711.6	62562.1	12241812.2	1582226.5	863610.4	1009888.0	242173.3
73563.1	155464.9	4550961.8	624511.0	723129.1	350873.4	77463.8
70811.4	51827.0	1197018.6	124128.1	468440.7	395008.4	54258.3
21764.1	1211.0	372982.0	31335.4	3492.0	80176.7	5051.4
493.0	835.1	12151.2	6918.9	602.6	3315.8	8312.2
2797.6	7637.3	1903.8	4198.2	790.9	5620.4	3.7
30.7	7.3	54.8	207.8		218.7	59.4
205652.4	36967.4	13654614.7	2221647.8	5058.1	360554.6	382977.3
309522.6	342857.4	9513561.2	1576085.4	1613365.9	1921581.8	349897.6
71034.5	28352.6	6092664.0	792552.4	108116.3	410113.9	182704.1
10974.8	1048.3	3645091.0	198248.2	180.1	20229.8	27713.2
13623.8	30003.6	2520571.8	257045.1	29735.4	80524.7	38510.6
5263.3	3364.3	2032.0	5593.7	417209.2	122009.5	609.1
109.8	302.3	0.2	44.8	233345.5	28914.9	2.1
1209.3	2506.6	32675.1	5942.3	13684.4	19645.1	750.7
0.2	12.3	2.3	3.5	6640.1	10436.7	
		3001.7	2.1	59.9	5.5	260.0
	247.5		8.0	565.9	267.0	
	268.5		22.2		5.1	
	16.7					
0.4	1.0	1.4			5.0	
					3.7	
	0.1	0.1	0.8		1.0	
197967.8	51423.1	14186400.6	2060732.8	536409.4	711345.2	188698.1

	全行业出口完成	通信设备行业	计算机行业	广播电视设备行业
江苏省	9534279.9	347931.9	773909.9	145188.0
上海市	7534308.4	192168.2	891893.2	135620.4
四川省	3167659.1	82687.5	144176.3	29469.2
重庆市	1839461.6	74352.0	290708.4	7783.0
河南省	1629393.9	173986.7	1004.6	302017.5
陕西省	1584545.2	3836.0	120852.5	600.4
北京市	1307719.6	135381.8	100342.0	25937.0
天津市	1235281.9	204430.9	173286.6	6984.7
山东省	1185428.0	58746.9	155092.1	13718.3
浙江省	1178629.4	15295.9	142131.0	24360.2
福建省	973464.5	55009.1	154387.0	13495.5
广西壮族自治区	896512.6	89349.3	329835.8	3118.1
湖北省	825657.7	20601.4	31113.2	908.4
安徽省	754969.9	6747.3	80469.0	702.5
江西省	582329.2	37619.9	5721.5	16068.2
山西省	448001.4	114062.3	299.1	54477.5
湖南省	364722.3	18929.3	12141.1	819.6
辽宁省	356300.4	23546.3	32822.4	12364.3
吉林省	225882.1	51719.2	12939.6	7303.2
云南省	174633.7	60340.2	26321.7	1405.7
河北省	112500.5	1510.7	2376.2	8092.6
贵州省	63971.7	2945.5	427.8	906.1
内蒙古自治区	52059.2	224.2	313.4	23.3
甘肃省	29765.0	6.4	3613.0	23.2
宁夏回族自治区	19156.4	2.9	520.3	0.0
黑龙江省	17743.2	3738.1	378.8	124.6
新疆维吾尔自治区	9810.4	466.3	195.7	10.6
海南省	6350.1	370.0	33.3	14.6
青海省	1767.7	32.2	5.9	50.9

进口指标表

单位：万美元

家用视听设备行业	智能消费设备行业	电子器件行业	电子元件行业	其他电子设备行业	电子仪器设备行业	电子专用材料行业
115454.7	56133.5	6032181.4	935148.8	409792.8	411854.7	306684.2
111214.4	95939.4	4328300.7	659140.6	232008.2	695551.5	192471.8
5702.0	6879.0	2523688.6	109826.0	161416.1	87440.1	16371.3
26093.7	3284.9	1299199.4	66866.7	42444.1	26276.4	2453.0
2265.1	2634.1	1002828.5	87310.4	21226.7	34120.8	1999.3
5654.4	6104.0	1173994.6	33171.3	151348.6	56764.3	32219.2
61387.6	58866.4	445317.6	112301.6	28504.6	305771.0	33909.9
17215.4	43133.0	506298.5	162215.4	21430.8	63504.1	36782.4
12250.1	18977.5	658231.6	152673.6	29485.3	81000.5	5252.3
6314.3	13705.1	672658.4	107475.0	76199.6	88807.6	31682.3
10070.2	8851.1	575716.3	59086.4	46871.1	37041.8	12936.1
3410.1	545.6	225708.7	197200.6	20383.0	25189.6	1771.9
6877.5	14585.4	321237.6	37461.3	306259.3	72594.7	14018.9
3175.6	3593.4	306439.2	19920.1	259813.2	63103.8	11005.8
426.3	1606.1	421688.5	53253.8	23454.3	13667.7	8822.8
259.8	296.9	249623.2	19681.0	322.3	8872.7	106.6
3855.4	7087.2	203839.6	37718.5	7736.1	69298.9	3296.5
19539.6	18342.8	97835.1	64046.2	16937.8	57136.8	13729.2
4502.3	28162.1	49062.4	41039.8	14514.2	14267.3	2372.2
221.2	430.3	54844.6	8798.6	4172.0	4680.5	13418.8
1098.9	2569.7	51690.8	15312.5	9365.0	15428.8	5055.2
440.6	57.1	41630.1	8189.9	1438.8	4045.3	3890.6
53.2	252.7	13767.4	721.4	97.6	7399.2	29206.8
397.0	14.1	20464.6	194.0	1981.8	3002.5	68.3
122.9	1051.8	30.6	4018.4	3314.8	2140.3	7954.3
826.9	889.3	1468.5	2992.0	305.6	6793.6	225.8
521.1	226.9	37.1	274.1		4435.8	3642.9
64.0	290.5	29.7	324.9	0.1	1848.0	3375.0
7.3	13.6	1.5	100.8	727.6	827.9	

	全行业出口完成	通信设备行业	计算机行业	广播电视设备行业
西藏自治区	105.8	0.3	14.8	
四、按国别和地区分列				
中国台澎金马关税区	13357819.1	227310.0	940822.6	11415.1
中国	10467411.5	1724658.4	1599910.5	164280.6
韩国	9698342.5	400022.0	673230.8	200262.5
日本	5612118.4	158046.8	202014.7	65677.1
马来西亚	4094856.1	51560.1	254449.9	4562.6
越南	3553875.8	1175506.8	26195.2	468339.0
美国	2633464.0	73438.6	67517.8	17236.0
泰国	1753840.8	118595.1	946306.5	14120.8
菲律宾	1399782.0	7776.9	391059.2	46588.1
德国	1370441.3	55207.2	95226.2	23390.5
新加坡	1348405.0	67733.1	79590.4	4970.0
爱尔兰	634891.3	2206.8	20391.8	3833.0
墨西哥	452715.9	33866.2	31851.3	2023.4
以色列	247510.5	9626.0	6603.5	488.8
荷兰	212554.7	2067.5	8537.0	1147.4
法国	197888.2	9979.8	8424.4	789.7
匈牙利	169432.6	27540.2	16069.2	7372.0
奥地利	162503.2	10249.7	9511.5	329.3
英国	144141.2	8495.1	9073.9	2788.0
印度尼西亚	122171.0	2260.1	8585.5	730.6
瑞士	115485.1	3939.2	2810.8	285.5
中国香港	113137.7	34485.0	7404.6	7442.6
捷克	112880.0	17642.5	14617.2	247.6
意大利	102996.0	4240.0	6556.3	495.1
加拿大	94092.6	11419.1	9252.1	2402.4
印度	83087.0	11064.2	2757.6	67.2
葡萄牙	59737.1	7272.1	10823.4	165.9

进口指标表

单位：万美元

家用视听设备行业	智能消费设备行业	电子器件行业	电子元件行业	其他电子设备行业	电子仪器设备行业	电子专用材料行业
1.7	2.1	0.2	0.0		86.7	
60317.1	6465.2	11129027.4	489372.0	209720.7	130609.6	152759.4
124014.7	13265.2	5040862.7	1349204.3	20408.5	399168.5	31638.1
23633.7	22162.6	7090458.5	440621.5	454297.0	160341.0	233312.8
46696.2	107523.3	2250279.5	1052385.4	931024.8	440479.5	357991.0
9702.2	2521.5	3370290.4	203018.6	35890.0	142750.4	20110.3
35401.5	448.3	1430671.3	386511.1	5065.7	19617.5	6119.5
53622.0	58574.2	1442310.9	138994.6	263785.2	451951.1	66033.7
6082.0	10997.1	499047.2	122247.3	867.6	35040.1	537.1
4553.9	2462.0	775803.3	138774.4	242.8	32034.0	487.4
39557.6	101041.4	261341.2	186068.9	105863.2	434046.8	68698.3
64264.3	2677.0	737324.8	93111.6	163108.6	127001.5	8623.7
48386.9	32.3	544966.4	1156.9	0.0	13884.0	33.1
9785.8	8957.4	283076.6	54118.2	6.1	29014.0	16.9
5476.8	2843.9	154270.9	12824.7	968.4	52195.8	2211.8
8093.1	3571.0	10238.5	3603.5	163927.3	11156.5	213.0
11192.9	11159.1	85628.6	24581.8	3453.4	40106.0	2572.6
9518.8	23100.8	13720.2	15268.4	111.2	56729.7	2.4
1284.3	2108.3	48769.7	30231.4	23519.3	33117.4	3382.3
8078.4	7238.2	17594.0	15239.6	12958.4	59828.0	2847.8
7609.1	1403.8	18304.9	76241.9	42.0	6457.5	535.4
2842.5	2439.5	15648.6	26457.5	9793.1	49146.1	2122.3
7421.6	2066.7	22376.9	20852.2	4631.0	5983.5	473.5
1345.1	6263.8	29045.2	34488.0	135.3	8893.7	201.6
2599.3	4272.7	32067.2	16297.4	7841.1	25794.6	2832.3
7188.2	1302.7	24999.6	6112.5	1524.5	28446.6	1445.0
973.7	1145.4	6906.0	10503.3	53.1	48341.8	1274.7
790.0	7388.2	26610.9	5530.0		1156.7	0.1

	全行业出口完成	通信设备行业	计算机行业	广播电视设备行业
瑞典	52271.1	3549.3	6195.1	854.4
波兰	51459.1	5717.9	5533.1	1286.1
芬兰	39550.4	11699.1	2241.9	69.2
罗马尼亚	38183.6	3057.4	980.6	964.0
比利时	36448.9	22503.9	2124.7	243.1
西班牙	33482.4	796.0	2970.9	14.4
丹麦	33428.0	4168.1	3122.9	417.1
澳大利亚	29110.9	13344.4	1109.1	306.4
斯洛伐克	28638.7	260.4	1021.7	85.2
马耳他	23943.4	109.5	65.8	36.0
挪威	22007.7	3530.6	1513.7	824.8
摩洛哥	20001.7	77.9	1.8	4.8
俄罗斯联邦	18972.5	1228.3	89.4	99.8
哥斯达黎加	13260.1	298.4	69.0	161.9
柬埔寨	12452.7	29.8	2053.5	550.8
保加利亚	8468.9	30.4	124.7	81.5
爱沙尼亚	7467.8	3335.2	99.6	9.3
国（地）别不详	6858.7	37.8	63.4	6.9
萨尔瓦多	6428.8	7.2		
新西兰	5574.3	80.2	2755.0	0.2
斯洛文尼亚	5193.0	295.4	133.6	5.8
突尼斯	4836.3	2946.4	54.7	0.1
巴西	4519.1	444.3	160.0	3.8
老挝	4195.8	3266.9	25.4	13.9
克罗地亚	2982.7	95.5	19.6	1.4
多米尼加共和国	2390.8	1.6	0.6	
立陶宛	2200.0	202.7	554.9	8.0
斯里兰卡	2101.7	145.8	230.8	0.1
土耳其	2026.4	256.9	135.5	3.3

进口指标表

单位：万美元

家用视听设备行业	智能消费设备行业	电子器件行业	电子元件行业	其他电子设备行业	电子仪器设备行业	电子专用材料行业
2546.0	1323.2	4210.6	5199.4	3647.5	24229.4	516.1
623.0	8377.1	3590.5	14537.8	107.7	11514.1	171.7
2267.7	1408.8	4231.9	3258.0	1696.5	11266.1	1411.3
560.2	6233.8	1257.7	7989.8	0.2	17018.2	121.8
1352.7	881.7	4485.2	1104.3	47.8	3291.7	413.7
905.0	3540.9	15223.1	5009.9	87.9	4892.2	42.2
855.6	3696.9	597.6	6375.5	22.0	13715.1	457.2
3152.5	397.8	3454.8	1408.1	0.3	5068.6	869.0
622.8	411.5	10625.6	6732.4	1641.3	7237.5	0.3
23.2	77.9	21047.7	1822.7	0.7	759.9	
579.8	1040.3	2688.7	371.0	0.3	8876.9	2581.6
75.1	698.1	17934.8	1151.8		57.4	
1454.1	2170.3	1717.2	705.4	27.4	2644.3	8836.3
0.8	178.0	536.4	10499.6		1499.1	16.8
0.7	0.0	2.8	7216.2		2598.9	
149.0	442.7	119.8	4066.7	741.4	2692.0	20.7
18.6	205.1	29.5	774.6	17.6	2978.2	0.0
4.6	20.9	6382.4	161.1	11.5	154.7	15.3
		8.1	6398.1		15.4	
24.1	52.8	805.7	1091.0		765.0	0.3
367.0	155.0	1485.4	1816.2	41.7	892.9	0.1
204.3	4.7	26.5	1261.2		338.4	
27.3	285.9	121.5	2554.9		730.9	190.6
6.7			734.8		148.2	
10.1	71.1	114.9	2611.9		58.3	
0.1		0.7	338.7		2049.1	
15.7	133.9	290.3	101.5	6.6	879.5	6.8
0.4	3.8	18.3	914.3		787.9	0.2
16.2	53.9	134.9	1268.3		157.3	0.0

	全行业出口完成	通信设备行业	计算机行业	广播电视设备行业
乌克兰	1598.0	616.8	28.1	0.0
卢森堡	1595.8		213.1	
波多黎各	1576.8	0.1	217.7	
缅甸	1494.9	179.6	8.1	0.1
白俄罗斯	1493.1	0.0	8.3	0.8
拉脱维亚	1357.7	565.8	81.4	
希腊	1324.4	114.4	170.0	6.8
南非	1126.5	124.5	83.4	1.6
塞尔维亚	851.4	1.0	32.1	0.0
阿联酋	768.9	15.0	20.4	
列支敦士登	676.9		8.9	
莱索托	406.5	1.5		
北马其顿	404.0	0.0		0.1
孟加拉国	369.0	3.1	0.2	
摩尔多瓦	256.7	0.7		
黎巴嫩	186.1	14.3	12.9	
智利	166.3	2.4	12.8	
尼加拉瓜	156.4			
巴巴多斯	151.8		0.0	0.0
洪都拉斯	114.1	1.0	1.3	0.2
哈萨克斯坦	96.8		0.2	
朝鲜	83.3			
冰岛	68.2	2.0	1.9	
纳米比亚	61.3	0.2	30.0	
阿尔巴尼亚	58.4	8.0	0.0	
哥伦比亚	52.4	0.1	0.1	
摩纳哥	43.5		2.7	
科威特	41.7		0.1	
牙买加	35.5		35.1	

进口指标表

单位：万美元

家用视听设备行业	智能消费设备行业	电子器件行业	电子元件行业	其他电子设备行业	电子仪器设备行业	电子专用材料行业
208.0	21.9	48.4	238.1	133.0	285.1	18.7
75.7	83.7	0.3	232.7		989.9	0.3
33.7	25.2	7.2	5.3		162.9	1124.7
96.8		21.4	1186.5		2.4	
138.3	0.7	536.1	9.4	206.2	593.4	
10.8	83.4	17.7	370.4		228.2	
232.1	11.4	25.6	677.2		87.1	
42.9	311.2	55.3	114.5	0.0	389.9	3.2
6.5	17.6	41.1	598.9		154.2	
20.7	5.4	23.7	679.1		1.7	2.9
	7.1	10.7	321.9	274.8	49.1	4.5
			404.6		0.4	
	39.5	0.9	362.0		1.5	
0.7	0.1	196.8	23.3		144.8	
		0.0	244.6		11.4	
		24.9	1.8		132.2	
121.6	1.7	2.8	3.6		5.1	16.3
		0.0	0.1		156.2	
			151.5		0.2	
	6.5	40.2	64.3		0.6	
		90.8				5.8
		0.0			3.9	79.4
		0.9	1.8		61.6	
0.6		23.0	4.8		2.8	
	0.4	0.0	3.5		46.5	
0.0	0.1	37.2	1.0		14.0	
		30.4	9.5		0.9	
0.0		41.6	0.1			
		0.3	0.0			

	全行业出口完成	通信设备行业	计算机行业	广播电视设备行业
黑山	34.8			0.2
斯威士兰	33.0			
拉丁美洲其他国家（地区）	32.4		0.2	
中非	32.3		0.1	
英属维尔京群岛	32.0			
沙特阿拉伯	28.7		0.5	
多米尼克	27.6			
格陵兰	25.9			
格鲁吉亚	25.5	4.9	4.9	
塞浦路斯	25.5	14.1	6.3	
喀麦隆	25.2		0.4	
马达加斯加	25.1			
波黑	24.6	2.2		
中国澳门	22.6	4.2		
埃及	22.1	7.4	0.7	
也门	20.0			
阿根廷	19.3	1.1	4.9	
巴基斯坦	19.2	0.2	0.1	0.0
马提尼克	18.5			
厄瓜多尔	18.0	0.1	1.3	0.2
塞拉利昂	16.2	13.1		
卡塔尔	15.5		0.1	0.0
海地	15.4			
圣卢西亚	12.8			
圭亚那	11.7		9.5	
亚美尼亚	11.4		3.5	
秘鲁	10.7	0.3	3.1	0.4
乌拉圭	9.8	1.0	0.0	
伊朗	9.7	0.4	1.4	

进口指标表

单位：万美元

家用视听设备行业	智能消费设备行业	电子器件行业	电子元件行业	其他电子设备行业	电子仪器设备行业	电子专用材料行业
0.1	0.1	2.8	1.2		30.4	
0.4		19.8	1.1	10.2	1.4	
32.1		0.1				
		0.0	32.2			
32.0						
0.0		1.6	8.6		18.1	
			27.6		0.0	
25.9						
0.0		6.7	5.5		3.5	
0.0	2.2	1.5	0.5		0.9	
		4.2	0.3		20.3	
	24.6	0.2	0.0		0.3	
1.1	0.1	0.1	20.9		0.2	
2.9		11.8	3.7		0.1	
1.7	6.4	0.8	1.0		4.2	
0.0		19.9	0.0			
0.7	0.2	6.6	0.4		5.3	
0.8		0.7	2.1		15.1	
		18.5	0.0			
0.4		0.2	1.0		14.8	
1.2		0.1	1.5		0.2	
	0.2	0.0	0.5			14.6
		1.5	13.6		0.3	
		0.1	12.7			
		0.0	2.2			
0.0	0.1	0.9	3.2		3.6	
6.1		0.0	0.3		0.4	
1.0		2.4	0.2		5.3	
0.2	0.2	3.3	2.9		1.2	

	全行业出口完成	通信设备行业	计算机行业	广播电视设备行业
大洋洲其他国家（地区）	9.3	3.0		0.0
圣马力诺	9.2	0.0	0.4	
尼日利亚	8.7	0.3	0.2	
科特迪瓦	8.4			
马拉维	7.3			
巴哈马	6.7		0.3	
乌兹别克斯坦	6.7		0.2	
肯尼亚	6.6	0.0	0.3	
安提瓜和巴布达	5.9	0.0	0.0	
法罗群岛	5.8			
马里	5.4	0.5		
利比里亚	5.0	4.1		
卢旺达	4.4		4.2	
毛里求斯	4.3	0.0	0.0	
阿鲁巴	4.0		0.1	
圣其茨和尼维斯	3.8			
冈比亚	3.6		0.9	
马绍尔群岛	3.4	0.2	0.2	
亚洲其他国家（地区）	3.1			
毛里塔尼亚	3.0			
帕劳	3.0		3.0	
古巴	2.8			
塞内加尔	2.7		0.2	
图瓦卢	2.6			
津巴布韦	2.5			
特立尼达和多巴哥	2.5	2.0		
开曼群岛	2.5			
约旦	2.4			
几内亚比绍	2.4			

进口指标表

单位：万美元

家用视听设备行业	智能消费设备行业	电子器件行业	电子元件行业	其他电子设备行业	电子仪器设备行业	电子专用材料行业
		3.5	1.7		1.1	
					8.7	
0.2	0.1	0.6	7.5		0.0	
	0.0		8.4			
0.1		6.0	1.0		0.3	
			6.4			
		0.1	0.0		0.1	6.2
		1.2	5.1		0.1	
		0.0	0.2		5.7	
		0.0	0.0		5.7	
		4.5	0.4			
0.1	0.3	0.2	0.1		0.2	
		0.2	0.0			
0.0	0.1	0.2	0.4		3.6	
		3.7			0.2	
			3.8			
0.0		1.1	1.5			
	0.0	3.0				
	0.1	3.0				
		2.0	0.1		1.0	
					0.0	
		0.0	2.8			
	0.7	0.1	1.6			
		2.6	0.0			
0.0	0.1		0.0		2.5	
		0.5				
		2.5	0.0			
		1.1	0.5		0.9	
		0.4			2.0	

	全行业出口完成	通信设备行业	计算机行业	广播电视设备行业
马尔代夫	2.4			0.0
巴勒斯坦	2.3			
巴拿马	2.2	0.7	0.2	0.0
阿塞拜疆	2.0	0.1	0.0	
阿富汗	1.9	0.6	0.7	
尼日尔	1.9	0.0	0.5	0.1
土库曼斯坦	1.8	1.7		
安道尔	1.8	0.0		
塔吉克斯坦	1.8		0.0	
加纳	1.6		1.0	
留尼汪	1.3		1.3	
东帝汶	1.2	0.0		
法属波利尼西亚	1.2	0.8		
安哥拉	1.1		1.1	
巴林	1.0	0.0	0.1	0.1
索马里	1.0			
委内瑞拉	0.9	0.7	0.2	
乍得	0.9			
阿尔及利亚	0.8			
萨摩亚	0.7			
阿曼	0.7		0.2	
苏里南	0.7			
苏丹	0.6	0.4		
塞卜泰（休达）	0.6		0.1	
坦桑尼亚	0.6		0.1	
荷属安地列斯	0.5			
佛得角	0.5			
加蓬	0.5			

进口指标表

单位：万美元

家用视听设备行业	智能消费设备行业	电子器件行业	电子元件行业	其他电子设备行业	电子仪器设备行业	电子专用材料行业
		2.3	0.0			
					2.3	
0.0	0.1	0.1	0.4		0.6	
			1.9			
		0.3	0.4			
	0.0	0.3	0.9		0.1	
		0.1	0.0			
	0.0	1.1	0.2		0.4	
0.0		1.3	0.4			
0.0		0.1			0.5	
			0.0			
		1.2	0.0			
		0.4				
		0.0				
0.0		0.1	0.1		0.6	
		0.9	0.0		0.0	
		0.0	0.0			
		0.9				
		0.2	0.6		0.0	
			0.5		0.2	
		0.1	0.3		0.1	
0.0		0.7				
		0.1			0.2	
			0.5		0.0	
	0.0	0.3	0.0		0.0	
	0.0	0.1			0.5	
		0.4	0.2			
		0.5				

	全行业出口完成	通信设备行业	计算机行业	广播电视设备行业
圣多美和普林西比	0.5			
莫桑比克	0.4		0.2	
叙利亚	0.4			
刚果（金）	0.4		0.2	
马约特	0.4			
赞比亚	0.4			
巴布亚新几内亚	0.3	0.3		
巴拉圭	0.3		0.2	
吉尔吉斯斯坦	0.3			
库克群岛	0.2			
瓦努阿图	0.2			
乌干达	0.2		0.2	
瑙鲁	0.2			
非洲其他国家（地区）	0.2			
文莱	0.2	0.0	0.0	
几内亚	0.2			
不丹	0.2			0.0
尼泊尔联邦民主共和国	0.2			
多民族玻利维亚国	0.2			
多哥	0.1			
刚果（布）	0.1		0.1	
危地马拉	0.1			
新喀里多尼亚	0.1			
伯利兹	0.1		0.0	
伊拉克	0.1			
格林纳达	0.1			
贝宁	0.1			
欧洲其他国家（地区）	0.1			0.1

进口指标表

单位：万美元

家用视听设备行业	智能消费设备行业	电子器件行业	电子元件行业	其他电子设备行业	电子仪器设备行业	电子专用材料行业
		0.2	0.2			
0.0		0.2	0.1			
			0.4			
			0.2			
		0.4				
0.0		0.0	0.3			
0.0		0.0	0.0			
		0.0	0.1		0.0	
		0.3				
		0.2				
		0.2				
			0.2			
		0.2				
0.0		0.0	0.1			
0.0		0.0	0.0		0.1	
			0.1			
		0.1	0.0			
			0.2			
		0.1				
			0.0			
			0.1			
		0.1				
			0.1			
			0.1			
	0.0	0.1				
		0.0			0.0	
			0.0			

	全行业出口完成	通信设备行业	计算机行业	广播电视设备行业
法属圭亚那	0.1			
蒙特塞拉特	0.1			
梵蒂冈城国	0.1			
圣马丁岛	0.1			
吉布提	0.1			

进口指标表

单位：万美元

家用视听设备行业	智能消费设备行业	电子器件行业	电子元件行业	其他电子设备行业	电子仪器设备行业	电子专用材料行业
		0.1				
		0.1	0.0			
		0.0	0.1			
		0.1				
0.1						

反侵权盗版声明

举报电话：（010）88254396；（010）88258888

传　　真：（010）88254397

E-mail：　dbqq@phei.com.cn

通信地址：北京市万寿路 173 信箱

电子工业出版社总编办公室

邮　　编：100036